Petra Grimm / Oliver Zöllner (Hg.)
Ökonomisierung der Wertesysteme

medien ethik

Herausgegeben von

Rafael Capurro und Petra Grimm

Band 14

Petra Grimm / Oliver Zöllner (Hg.)

Ökonomisierung der Wertesysteme

Der Geist der Effizienz im mediatisierten Alltag

Franz Steiner Verlag

Umschlagabbildung: Hochschule der Medien Stuttgart
Redaktion: Karla Neef

Bibliografische Information der Deutschen Nationalbibliothek:
Die Deutsche Nationalbibliothek verzeichnet diese Publikation in der Deutschen Nationalbibliografie; detaillierte bibliografische Daten sind im Internet über <http://dnb.d-nb.de> abrufbar.

Druck: Laupp & Göbel, Nehren
Gedruckt auf säurefreiem, alterungsbeständigem Papier.
Printed in Germany.
ISBN 978-3-515-11078-5 (Print)
ISBN 978-3-515-11080-8 (E-Book)

INHALTSVERZEICHNIS

WAS IST EINE ÖKONOMISIERUNG DER WERTESYSTEME? GIBT ES EINEN GEIST DER EFFIZIENZ IM MEDIATISIERTEN ALLTAG?

Einleitende Bemerkungen zum Thema des Buches

Oliver Zöllner

„Fitter, healthier and more productive“[1]

Ein Schlagwort wandert seit geraumer Zeit durch die akademische Welt, das von einem Metaprozess kündet, der so umfassend ist, dass es schwerfällt, ihn handhabbar zu machen: Die Rede ist von der „Ökonomisierung“, der Subsumierung zentraler gesellschaftlicher Prozesse unter die Logik der Ökonomie, also des Wirtschaftens oder Haushaltens mit Ressourcen, die prinzipiell knapp sind und deren Zuweisung oder Verwendung den Regeln eines Marktes folgt. „Im strengen Sinne kann ‚Ökonomisierung‘ nur bedeuten, dass soziale Verhältnisse etc. einen Preis bekommen, zu dem sie auf Märkten handelbar werden.“ (Priddat 2013: 417) Die griechische Wortwurzel „oikos“ (Gehöft, Haushalt, Hauswirtschaft) verweist dabei implizit auf die Mikroebene: Am Ende kommt diese marktwirtschaftliche Logik im Nahbereich des Einzelnen an und hat Einfluss auf die individuelle Lebensführung. Ökonomisierung ist demnach als pervasiv zu verstehen. Bergmann (2011: 21) führt Stimmen an, die gar eine Art „Okkupation“ bestimmter gesellschaftlicher Teilsysteme „durch das ökonomische Teilsystem“ sehen, etwa wenn politisches Handeln „unter Maßgabe und Zielsetzungen systemfremder (wirtschaftlicher) Kriterien oder Ziele“ erfolgt bzw. der Wettbewerb als paradigmatisches Problemlösungsverfahren „eine zunehmende Akzeptanz gegenüber alternativen Verfahren“ erfährt (ebd.). Zu denken wäre hier neben der Politik auch an Handlungen in den gesellschaftlichen Teilsystemen der Medien, Bildung, Wissenschaft oder der Kultur, in denen ebenso Effizienzkriterien um sich greifen und inzwischen gemeinhin als ‚alternativlos‘ verstanden werden.[2]

Damit werden „Ökonomisierung“ (als Prozess) und „Ökonomismus“ (als Zustand) auch ein Thema für die Ethik, denn es ist zu fragen, wie der Mensch unter den Bedingungen solcher mehr oder weniger unhinterfragter Handlungs- und Interpretationsmuster als Individuum ein gelingendes Leben führen kann bzw. welche Maximen der individuellen Lebensführung auch zu einem Gelingen von Gesell-

1 Radiohead: OK Computer, EMI 1997.

2 Hierzu näher Bergmann 2011: 32ff., der eine facettenreiche systematisierende Übersicht über Dimensionen der Ökonomisierung (in) der Gesellschaft bietet.

schaft, von Sozialität beitragen. Welche Werthaltungen sind hierfür vonnöten? Diese Fragestellung ist keineswegs so banal, wie sie auf den ersten Blick erscheinen mag. Kritisch darf hier auf das weitgehende Fehlen einer Debatte verwiesen werden: „Unsere Fixierung auf Konsum und Arbeit hängt in erster Linie damit zusammen, dass die Frage, was zu einem guten Leben gehört, vollkommen aus der öffentlichen Diskussion verschwunden ist", wie Skidelsky und Skidelsky (2013: 197) im Kontext ihrer Erörterungen von Ökonomisierungstendenzen in der Gesellschaft postulieren. Eine ethische Reflexion der Ökonomisierung erscheint demnach als Desiderat. Es sind interessanterweise just die Wirtschaftswissenschaften, also Betriebs- und Volkswirtschaftslehre, in denen ethische Fragen kaum mehr als „ein Nischendasein" (Groth 2011: C6) fristen. Aber nicht nur dort.

1 HINTERGRÜNDE DER ÖKONOMISIERUNG

Wie ist die Vorstellung einer „Ökonomisierung" des Lebens in die Welt gekommen? Grob lässt sich der Beginn eines ökonomistischen Weltbildes auf das ausgehende 18. Jahrhundert datieren. Mit der allmählichen Durchsetzung der Idee der Aufklärung in Europa im Zuge der Französischen Revolution und dem in etwa parallelen Ansetzen der Industrialisierung begann in der westlichen Welt der Siegeszug der Rationalisierung und der Quantifizierung – etwa in Form von Standardisierungen von Prozessabläufen, der Synchronisation und Normierung von Produktionsprozessen (damit verbunden auch: der Zeit), der „Vermessung der Welt"[3] (und damit auch: ihrer Eroberung) im neuen Zeitalter globaler Waren- und Kapitalströme.[4] Mit dem Sieg der Naturwissenschaften samt dem dazugehörenden Weltbild wie auch der zunehmenden Technisierung ging das neue technokratische Paradigma von Planbarkeit, Messbarkeit und Steuerbarkeit einher.

Der Aufschwung der Wirtschaftwissenschaften nach dem Zweiten Weltkrieg ließ marktorientiertes Denken zum Denkmuster eines staatsfernen Freiheitsbegriffs werden. Das Buch „Capitalism and Freedom" des späteren Nobelpreisträgers Milton Friedman (2009 [1962]) prägte nicht nur einen wesentlichen akademischen Diskurs („Chicago School"), sondern wurde auch zu einem Leitbild westlicher Staatsführungen – am prononciertesten während der Regierungen Thatcher in Großbritannien (1979-90) und Reagan in den USA (1981-89). John Rawls' einflussreiches Buch „A Theory of Justice" (1999 [1971]) zeichnete aus staats- und wirtschaftsphilosophischer Perspektive das Bild einer Gesellschaft, die vornehmlich aus mehr oder weniger unverbundenen Individuen bestehe, die ihre Beziehungen miteinander vertraglich und auf der Basis rationalen Selbstinteresses regelten: also gerecht, da freiheitlich (Rawls 1999: 102ff.). Diese ethische Position wurde teilweise politisch-ideologisch instrumentalisiert. „Gesellschaft" erschien in einigen konservativen Interpretationen fortan nur noch als eine Ansammlung atomisierter Zugewinn-

3 So der treffende Titel eines populären Romans von Kehlmann 2005.

4 Bauman 2000, Hobsbawm 1996, Kocka 2013 und Osterhammel 2009 führen diese Makroprozesse mit zahlreichen Beispielen weitaus detaillierter aus.

und Interessengemeinschaften, die miteinander in Wettbewerb stehen[5] – und in einer extremen Auslegung gar als entbehrlich: „[W]ho is society? There is no such thing!" formulierte es Premierministerin Margaret Thatcher 1987 in einem Interview so berühmt wie berüchtigt (Margaret Thatcher Foundation 2012). Diese Aussage fasste das Leitideologem der „Ökonomisierung" in den westlichen Staaten recht gut zusammen. Doch zu fragen wäre: Ist ein ‚gutes Leben' ohne ‚Gesellschaft' denkbar?

Etwa seit 1973, dem Beginn der „Krisenjahrzehnte" (Hobsbawm 1994: 403)[6] mit ihrem weithin ausgerufenen „Wandel vom schwerindustriellen Paradigma hin zur dienstleistungsbasierten Wirtschaft" (Rödder 2014: 21), mehren sich die Hinweise auf die Grenzen des ökonomistischen Weltbildes, das sich als allumfassend und global verstand.[7] Spätestens seit der Jahrtausendwende verschieben sich die Machtverhältnisse auf dem Planeten: Alte Imperien und Ideologien verblassen (teilweise), neue betreten die Weltbühne oder kehren auf sie zurück. Im gleichen Zuge etablieren sich neue Medienakteure und mediale Vermittlungsformen und schaffen neue Netzwerk-Imperien[8], in denen die Ökonomie der Digitalität und die freiwillige Unterwerfung vieler Menschen unter ihre Logik der zentrale Herrschaftsfaktor ist.[9] Der damit einhergehende Wandel der Lebensverhältnisse und Leitmotive ist für viele Menschen in ihrem Alltag am unmittelbarsten im technologischen Überbau der Digitalisierung und Vernetzung erfahrbar bei gleichzeitigem Niedergang vieler klassischer Industriezweige und den damit verbundenen Umwälzungen auf dem Arbeitsmarkt. Dies erscheint vielen als Zeit des Umbruchs, als Epochenwandel.[10] Die diversen miteinander verzahnten Banken-, Finanz-, Wirtschafts- und Staatskrisen ab 2008 haben weiter dazu beigetragen, dass alte Sicherheiten auf politischer, wirtschaftlicher, gesellschaftlicher, aber auch auf individueller Ebene schwinden; zugleich wird marktorientiertes Effizienzdenken als Gebot der Gegenwart wahrgenommen. Messbarkeit und Vorhersagbarkeit erscheinen als Basis eines neuen Gefühls vermeintlicher Sicherheit. Konturen weiterer neuer Werte zeichnen sich erst langsam ab.

In diesem historischen Kontext scheinen sich auch vielfältige Lebensbereiche einem ökonomistischen Marktdenken unterworfen zu haben, die nach liberaler wohlfahrtsstaatlicher Auffassung mitteleuropäischer Prägung ihrem Wesenskern nach nicht primär Marktgesetzen gehorchen. Das Kosten-Nutzen-Denken hat Einzug in solche gesellschaftlichen Systeme gehalten: oftmals unter „Verwendung ökonomischer Semantik" als „Simulation von Marktfunktionen, ohne Märkte zu benutzen" (Priddat 2013: 429). Von „künstlichen Wettbewerben" spricht Binswanger (2010) in diesem Kontext mit Blick auf Wissenschaft, Bildung und Gesundheitswesen – Handlungssysteme, bei denen wirtschaftlich-monetäre Aspekte nicht

5 Zu einer Kritik an diesem Denkmuster vgl. etwa Etzioni 1988 und Sandel 2008.
6 Vgl. hierzu auch Judt 2005, S. 453ff.
7 Vgl. mit weiterführenden Hinweisen Beck 1998 und Judt 2010.
8 Vgl. hierzu näher Hepp 2014, S. 19ff.
9 Vgl. etwa Brynjolfsson/McAfee 2014; Mayer-Schönberger/Cukier 2013; Morozov 2013; Schirrmacher 2013; Standage 2013 sowie die Beiträge in Grimm/Zöllner 2012.
10 Kritisch zu einem solchen „Epochalismus" äußert sich Morozov 2013, S. 35ff.

im Vordergrund stehen müssten.[11] Andere Anbieter meritorischer Güter, wie etwa öffentliche Rundfunkanstalten, wären hier ebenso zu nennen.[12] Auch Erfahrungsräume wie Kunst[13], Freundschaft[14], Liebe und romantische Beziehungen[15], der eigene Körper gar, wie es die „Quantified Self"-Bewegung[16] oder der Trend zu Körpermodifikationen[17] propagieren, erscheinen zunehmend ökonomisiert. Wir haben uns längst daran gewöhnt, Menschen als „Humankapital" zu betrachten, dessen Aufbau bereits im Kindergarten beginnt.[18] Der letzte Trend ist es, unsere persönlichen Gesundheits- und Fitnessdaten[19] zu veröffentlichen und zu vergleichen, um die Produktivität dieses „Humankapitals" nicht nur zu verbessern, sondern darüber auch in Wettbewerbe zu treten – und sei es nur für einen günstigeren Versicherungstarif. „Die Digitalisierung des Alltagslebens", schreibt Evgeny Morozov (2015: 70), drohe „alles – vom eigenen Genom bis hin zum Schlafzimmer – in produktive Vermögenswerte zu verwandeln".

Der ‚Markt' tritt in diesem Verständnis als Akteur auf, der sich, im Sinne von Habermas (1987: 471) einem Kolonisator gleich, Lebenswelten untertan macht, sie in quantifizierbare Kategorien zerlegt, etwa Geld, Punkte, Clicks, Aufmerksamkeitseinheiten usw., und sie insofern kapitalistisch transformiert. Die Belohnung des ‚Siegers' erfolgt demnach mittels einer Monetarisierung alltäglichen Handelns. Gleichwohl ist zu fragen, wie ‚der Markt' als abstraktes System überhaupt zum Akteur werden kann. „Der Glaube an die unsichtbare Hand des Marktes", schreibt Sedláček (2012: 321) kritisch, „hat sich hartnäckig gehalten." Er ist geradezu ein Dogma geworden. Mit diesem systemischen Leitgedanken im Kopf kann denn auch alles zur Ware werden:

> The market [...] relentlessly hammers home the message that everything is or could be a commodity, or if it is still short of becoming a commodity, that it should be handled *like* a commodity; it implies that things had *better be* 'like commodities' and ought to be viewed with suspicion [...] if they refuse to fall in with the consumer-object pattern. (Bauman 2005: 88)

Diese Haltung hat Auswirkungen: Ist Bildung nurmehr Mittel zum wirtschaftlichen Zweck? Ist nur Kunst sinnvoll, die sich verkauft? Gibt es die neue Hüfte nur noch für Patienten, bei denen sich die Operation mit Blick auf ihre verbleibende Lebenszeit lohnt? Sind Mitarbeiter nur noch beliebig flexible und frei handelbare „Humanressourcen"?[20] Sollen Frauen in jungen Jahren ihre Eizellen einfrieren lassen, um berufliche Karriere und Kinderwunsch in ein strategisch optimiertes Ver-

11 Vgl. Binswanger in diesem Band. Vgl. darüber hinaus Nussbaum 2012 zur Ökonomisierung der Bildung, speziell der Geisteswissenschaften; Priddat 2013 zu Hochschulen; Brockow et al. 2014 und Flintrop 2014 zur Ökonomisierung im Gesundheitswesen sowie Sandel 2012 zu weiteren Lebensbereichen.

12 Vgl. Kiefer 1999.

13 Vgl. Metz/Seeßlen 2014.

14 Vgl. hierzu Trost 2013 und Trost in diesem Band.

15 Vgl. hierzu Illouz 1997; Illouz 2007; Illouz 2012; Sandel 2012.

16 Näher hierzu Graff 2012a; Morozov 2013, S. 226ff.

17 Näher hierzu etwa Villa 2008.

18 Vgl. Streeck 2014.

19 Vgl. Bauman 2005, S. 89ff.

20 Vgl. zur Zukunft der Arbeit in der digitalen Welt („Crowdwork") die Beiträge in Benner 2015.

hältnis zu bringen?[21] Geht es bei der Partnersuche in Onlineforen oder via TV-Kuppelshow nur um die Auslese der Schönsten und Bestangepassten? Wie viele „Likes", „Follower" und „Freunde" müssen Nutzer in ihren Social-Media-Profilen aufweisen, um als beliebt oder erfolgreich zu gelten? Ist das Leben ein Wettbewerb? Der Mensch scheint hier im Übergang vom Subjekt zum Objekt zu sein.

„Effizienz, Exzellenz, Leistung, Wettbewerbsfähigkeit, Innovation" und „Wachstum" seien die Leitmotive des ökonomistischen Denkens der Gegenwart, aber nicht immer erbrächten sie Ergebnisse, die zu einer eigentlich angestrebten Verbesserung der Situation beitrügen, führt Binswanger (2011: 89) aus. Vielmehr herrsche eine Illusion von Markt, Messbarkeit und Objektivität vor. Globalisierung, Digitalisierung und Bürokratisierung hätten eine Art „Innovationstechnokratie" entstehen lassen. „Allerorten herrschen Zahlen" (Rödder 2010: 7) in Form von Statistiken, Rankings und Evaluationen: von den zahllosen Talent- und Casting-Wettbewerben im Fernsehen bis hin zur „globalen Obsession" (Pilling 2014: 6) um das Bruttosozialprodukt.

Es drängt sich vor diesem Hintergrund der Eindruck auf, dass es letzten Endes das Selbst ist, das umgebaut werden soll: zu einem sich selbst optimierenden Werkzeug der Wertschöpfung, das in konstantem Wettbewerb zu anderen Marktteilnehmern stehe, wie Illouz (2007) detailreich darlegt.[22] Diese Vermarktlichung erscheint alles in allem als Prozess der Disziplinierung. Es geht also im Prozess der Ökonomisierung, wenn man ihn im Kontext seiner betriebswirtschaftlichen bzw. Management-Bezüge sieht, letztlich um Steuerung und Kontrolle: um die Beherrschbarmachung von hochkomplexen Handlungssystemen oder der in sie eingebetteten Individuen. Dies erscheint alles andere als liberal: „Im Kontrolldispositiv ist das Individuum [...] niemals bereits gegeben, sondern nach den unternehmerischen und gouvernementalen Prinzipien erst noch zu konstruieren." (Lazzarato 2013: 168) Menschen sollen sich so verhalten, dass sie nach den Vorgaben des jeweiligen Systems besser und reibungsloser funktionieren – und nicht etwa umgekehrt. Ist eine solche effizienzorientierte Werthaltung erst einmal internalisiert, gibt es kaum noch einen Ansatzpunkt, alternativ zu handeln. Ökonomistisches Denken erscheint dann tatsächlich ‚alternativlos'.[23]

2 LEITBILDER UND INDIKATOREN

Bergmann (2011: 54-57) fasst seine grundlegende Literaturrecherche zum Ökonomisierungsbegriff in einer Übersicht von Leitbildern und Indikatoren für das Vorhandensein ökonomisierender Prozesse zusammen. Ihre gesellschaftlichen Bezüge systematisiert er dabei nach der in den Sozialwissenschaften üblichen Dreiteilung in Makro-, Meso- und Mikroebene (vgl. Abb. 1).

21 Zum sog. „Social Freezing" vgl. beispielhaft Baum 2014.

22 Vgl. zu diesem „neoliberalen", in einer anderen Sichtweise „kalifornischen" Weltbild auch Mirowski 2013, S. 89ff.; Lazzarato 2013; Sandel 2012 sowie Shachak in diesem Band.

23 Vgl. hierzu näher Thielemann 2008 mit Bezug auf Max Weber.

	Leitbilder	Indikatoren
Makro-Ebene (Gesellschaft)	• Wettbewerb • Effizienz • Leistung • Konkurrenz • Kreativität • Unabhängigkeit • Selbstbehauptung • Flexibilität • Mobilität • Evaluation, Rankings • Kontrolle	• Handlungsbegründungen durch externe Sachzwänge • formalisierte, gewinnorientierte Handlungslogik • moralischer Darwinismus • Zustimmung zu Konkurrenz und Leistung • Zurückweisung von Staatsinterventionismus • Quantifizierung
Meso-Ebene (Organisation)	• Entgrenzung von Arbeit und Organisation • Verbetrieblichung der Lebensführung • Internalisierung der Marktorientierung • konsequente Rentabilitätsorientierung	• leistungsorientierte, reflexive Alltagsorganisation • Planung und kostenorientierte Aufteilung bzw. Delegation von Tätigkeiten • effizienzorientierter Umgang mit Zeit und sozialen Beziehungen • Bürokratisierung
Mikro-Ebene (Individuum)	• Humankapital • Arbeitskraftunternehmer/„Ich-AG" • Handeln unter Marktbedingungen • permanente Selbstoptimierung/ Selbstdisziplinierung • „Quantified Self"	• zunehmende Marktorientierung • Kommodifizierung • systematische Durchrationalisierung sämtlicher Lebensaspekte • Aufhebung der Trennung von Arbeits- und Privatsphäre

Abb. 1: Leitbilder und Indikatoren von Ökonomisierung (eigene Darstellung nach Bergmann 2011: 54–57, modifiziert und ergänzt)

Der Facettenreichtum von möglichen Ökonomisierungsprozessen wird selbst in dieser letztlich reduktionistischen Tabelle augenfällig: Ökonomisierung, so sie denn empirisch immer nachweisbar ist, durchdringt viele Bereiche des gesellschaftlichen Lebens. Sie nur auf das Individuum zu beziehen, auf den einzelnen Menschen also und seine Anpassungsfähigkeit und Entscheidungskompetenz, sich situativ so oder anders zu verhalten, greift zu kurz und wäre an sich bereits Ausdruck einer Ökonomisierung des Denkens. Aus Sicht der Ethik gilt es, Bedingungen für die Gesellschaft zu schaffen, in der Märkte und Wettbewerb für bestimmte Lebensbereiche bzw. Subsysteme ein angemessenes Ordnungsschema darstellen können, aber keineswegs als das dominante Leitideologem für alle Lebensbereiche fungieren. Hierüber ließe sich trefflich streiten, doch dieser Streit findet in der Öffentlichkeit kaum statt. Imhof (2011) vermutet, dass die Öffentlichkeit aufgrund der Ökonomisierung des Mediensystems kaum noch im Stande sei, bestimmte konträre Sachverhalte überhaupt zu thematisieren.[24] Die Gesellschaft verständigt sich in dieser Sichtweise nicht mehr über ihre grundlegenden Handlungsmotive.

In einem solchen Spannungsfeld ist die Ethik als Reflexionsinstanz anzusiedeln. Ist die Vorstellung vom perfekt vernetzten, geschmeidig funktionierenden Menschen, der sich auf vielerlei Märkten behauptet, so akzeptabel? Hat dieses Programm vom Primat der Ökonomie, bei dem der Erfolgreichste und an den Markt Bestangepasste den Gewinn einstreicht und wo annähernd alles als Ware quantifizierbar, standardisierbar und handelbar ist, zu einem besseren Leben geführt oder gar eine bessere Gesellschaft hervorgebracht? Für die Wirtschaftswissenschaften sind das, wie oben bereits angedeutet, meist keine zentralen Fragen mehr. Nicht zuletzt wohl auch, weil ethische Reflexionen kaum quantifizierbar sind, sondern im Kern auf qualitativen Werthaltungen fußen. „Heute schließt die Mainstream-Ökonomie jede Relevanz der Ethik aus [...]", wie Sedláček (2012: 334) schreibt. Und das, obwohl diese Disziplin einst aus den ethischen Wissenschaften heraus entstanden ist und dort ihre historischen Wurzeln hat (vgl. ebd.). Möglicherweise ist dieser Befund die größte Ironie des schwer zu greifenden Metaprozesses, den wir „Ökonomisierung" nennen.

Vor einer ausufernden Verwendung des Begriffs der Ökonomisierung sei allerdings gewarnt: Möglicherweise haben sich durch ein im Lauf der Zeit geschärftes Bewusstsein für ökonomisches Handeln lediglich unsere Beschreibungen von gesellschaftlichen Prozessen „ökonomisiert", nicht aber die Prozesse selbst, worauf Priddat (2013) nachvollziehbar hinweist. Wir denken und sprechen heute anders als z. B. vor 50 Jahren, wenn wir derartige Veränderungsprozesse beschreiben:

> Änderungen im Vokabular und in den *mental models* geschehen nicht ‚natürlich', auch nicht ‚in den Märkten', sondern durch gesellschaftliche Zuschreibungen. Die ökonomische Attribution, Menschen seien generell nutzenmaximierend [...], ist selber ein Moment der Kommunikation, Akteure anzulernen, das so zu sehen. (Priddat 2013: 420f.)

siehe dazu S. 120 Nussba

Folgt man diesem Ansatz weiter, wäre die „Verbreitung ökonomischer Semantik [...] der Versuch, Deutungsmacht über ein fragmentiertes ‚Soziales' wiederzugewinnen" (ebd.: 431). „Gesellschaft", von manchen als negativ besetzter Kampfbegriff betrachtet, erscheint demnach als Ort hegemonialer Bestrebungen und die Ökonomie als darin positionierter Ordnungsfaktor. Dies wäre als ein Beleg zu werten, dass „Ökonomisierung" eines der großen, erfolgreichen Meta-Narrative unserer Gegenwart ist, das von Gesellschaft und privater Lebensführung gleichermaßen erzählt und diese prägt. Der Mensch kann darüber sprechen, in Diskurse treten, die Ausformungen einer Ökonomisierung auch kritisieren. Es ist ebenjenes kritische Potenzial, von dem die Autorinnen und Autoren des vorliegenden Sammelbandes Gebrauch gemacht haben, um die Ökonomisierung der Fraglosigkeit zu entreißen.

24 Vgl. hierzu auch klassisch Habermas 1965.

3 DIE BEITRÄGE DES BUCHES

Das XII. HdM-Symposium zur Medienethik zum Thema „Ökonomisierung der Wertesysteme: der Geist der Effizienz im mediatisierten Alltag“ fand am 4. Dezember 2012 an der Hochschule der Medien in Stuttgart statt. Es hatte das Ziel, den Ursprüngen und Auswirkungen der Ökonomisierung in diversen Gesellschaftsbezügen nachzugehen und zu versuchen, Umrisse einer neuen Werteethik aufzuzeigen.[25] Dabei sollte auch untersucht werden, inwieweit die Medien als zentrales gesellschaftliches Funktionssystem eines zunehmend mediatisierten Alltags sowohl Vermittler als auch Faktor der Ökonomisierung sind. Die nunmehr im vorliegenden Band versammelten Beiträge sind überarbeitete Fassungen einiger Vorträge, die auf dem Symposium gehalten wurden, ergänzt um Beiträge nach Einladung.

Im Kapitel „Grundlagen“ führen *Matthias Karmasin und Larissa Krainer* (Alpen-Adria-Universität Klagenfurt) die „Ökonomisierung als medienethische Herausforderung“ ein, indem sie „Strategien und Methoden der prozessethischen Entscheidungsfindung im Stakeholderdialog“ analysieren. Dass die Ökonomisierung der Medien stetig voranschreitet, lasse sich anhand empirischer Befunde nachvollziehen, schreiben die Autoren. Die Ökonomisierung führe Medien allerdings in unauflösliche ethische Widersprüche und Konflikte, die sich weder aus der ökonomischen Logik heraus noch mittels normativer Gebote bearbeiten bzw. lösen ließen. Karmasin und Krainer schlagen für die Analyse und Bearbeitung dieser Widersprüche und der aus ihnen resultierenden Konflikte ein prozessethisches Stakeholder-Management vor. Das Autorenteam sieht mittels einer neuen ethischen Debatte durchaus Chancen für das Prinzip der ökonomischen Rationalität.

Das Internet mit seinen dialogorientierten „sozialen“ Anwendungen und Plattformen steht im Mittelpunkt der Ausführungen von *Matthias Rath* (Pädagogische Hochschule Ludwigsburg), in denen er hinterfragt, inwieweit ökonomische Paradigmen im Social Web überhaupt Geltung beanspruchen können. Mit Rückgriff auf Francks These von der „Ökonomie der Aufmerksamkeit“ schlägt der Beitrag vor, Social-Web-Strukturen jenseits von bloßen ökonomischen und Aufmerksamkeitskategorien als „Formen der Bewirtschaftung von sozialen Beziehungen im Sinne der Kapitalsortentheorie von Bourdieu zu verstehen“ und hiervon ausgehend Kriterien einer medienethischen Bewertung zu erarbeiten. „Auch das vermeintlich offene Web 2.0 wird marktlich betrieben und ökonomisch im klassischen Sinne bewirtschaftet. Dies ist nicht neu, Medien waren immer auch Wirtschaftsgut“, so Rath. Doch nicht aus den Augen zu verlieren sei als Ziel der Kommunikation im Netz „immer auch die von Habermas als kontrafaktisches Ideal formulierte ebenbürtige, allgemeine und unabgeschlossene Öffentlichkeit“. Ein solcher Diskursraum sei Rath zufolge „die ethische Zielgröße, die ökonomischen Abwägungen die normative Grenze steckt“.

Peter Voß (Rektor der Quadriga-Hochschule Berlin) identifiziert in der Trias „Ökonomisierung, Macht und Medienmoral“ ein Programm zur „Entautorisierung von Politik und Medien“, wobei er insbesondere auf die tiefgreifenden Prozesse der

25 Vgl. den Tagungsbericht von Graff 2012b.

Kommerzialisierung und Banalisierung der Medien eingeht. Voß schließt seinen Vortrag sehr eindringlich mit einer Forderung nach „Bildung, Bildung, Bildung“, also einem Plädoyer für eine ethisch orientierte Medienpädagogik. „Vielleicht“, so Voß, wäre „schon viel gewonnen, wenn wir alle unsere Erwartungen etwas herunterpegeln könnten“: nicht die an uns selbst als Medienkonsumenten, sondern die an „die Allzuständigkeit der Politik“ wie auch an die scheinbare „Allwissenheit der Medien“.

Svenja Flaßpöhler (stellvertretende Chefredakteurin des „Philosophie-Magazins“) betitelt ihr Essay „Der grenzenlose Mensch“ und zeichnet bei ihrem Erkenntnisobjekt „das Verschwinden des Schmerzes“ nach, das die Autorin in der Tyrannei der Selbstoptimierung begründet sieht. „Was“, fragt Flaßpöhler, „unterscheidet den Menschen noch von einer Maschine, wenn sich jedes Leid wie auf Knopfdruck beseitigen lässt? Ist ein Leben ohne Schmerz überhaupt vorstellbar?“ Fürwahr eine Grundfrage der Ethik.

Der Wirtschafts- und Politikjournalist *Peter Zudeick* geht in seinem pointierten Beitrag auf die zweifelhaften Begründungen des gegenwärtigen Zustands der Gesellschaft ein: „Der Mensch ist nun mal so“, meint Zudeick scheinbar lakonisch und wirft einen kritischen Blick auf „Ökonomie und Gerechtigkeitsdiskurs“ – im Kern eine Auseinandersetzung mit der klassischen Vorstellung vom ‚homo oeconomicus‘. Zudeick schließt mit einer eindringlichen Absage an mythisierende Vorstellungen von der quasi-natürlichen Ordnung des Marktes: Der Mensch sei eben nicht so, „wie er nun mal ist“. Weder sei er „reiner Egoist noch Homo oeconomicus noch Genmaschine. Die Philosophie hat das schon immer gewusst. Es wird Zeit, dass auch die klassischen Ökonomen und ihre Anhänger in Politik und Medien das allmählich begreifen“, so Zudeick.

Das Kapitel „Fallstudien“ eröffnet *Mathias Binswanger* (Fachhochschule Nordwestschweiz, Olten) mit seiner Kritik an „Sinnlosen Wettbewerben in der Wissenschaft“, die er an nicht immer zielführenden Versuchen festmacht, den „Marktgedanken“ an Hochschulen zu etablieren. Der Gesamteffekt aller „perversen Anreize“ zur Stimulierung von universitärem Output besteht nach Binswanger darin, „dass Wissenschaftler immer mehr Unsinn produzieren, der nichts zu einem echten wissenschaftlichen Fortschritt beiträgt“. Und weil die produzierten Bücher und Fachartikel „inhaltlich immer wirklichkeitsferner, belangloser und langweiliger“ daherkämen, würden sie „auch immer weniger gelesen“.

Mattan Shachak (Hebräische Universität Jerusalem) analysiert in „The Commodification of the Self: The Case of Life Coaching“, wie der Mensch sein Selbst als Ware anbietet – dargelegt am Fallbeispiel des therapeutischen Coachings, das das Individuum zum Wertobjekt macht. Diese Art der Kommodifizierung strebt nach Höherem: „the fragility of the present gets stabilized and draws meaning not from retrospection and analysis of past events and experiences as the sources of selfhood, but from future aspirations and fantasies about the imagined desired self.“

Dieser Topos findet sich implizit auch im Studienobjekt von *Kai Erik Trost* (Hochschule der Medien Stuttgart). Er untersucht, inwieweit im Kontext der sozialen Online-Netzwerke Freundschaften nicht nur mediatisiert, sondern auch ökonomisiert werden. Er stellt hierbei „empirische Aspekte zur Freundschaft Jugendlicher auf Facebook“ in den Mittelpunkt. Ökonomisierung, so schließt Trost, könne mit Blick auf die Freundschaft „als Rationalisierung im Sinne von Wissen bzw. Informationen“, aber auch „von Zeit betrachtet werden, wobei das wirtschaftliche Paradigma der Effizienz sichtbar“ werde. Freundschaftsbeziehungen in sozialen Online-Netzwerken seien letztlich vor allem eines: „stets verfügbar“, so Trost – also fast wie eine Ware im Supermarkt.

BIBLIOGRAFIE

Baum, Antonia (2014): Gib alles! Man müsste schon die Märkte leerfegen, um an der Logik etwas zu ändern, die Frauen dazu bringt, ihre Eizellen einzufrieren. In: Frankfurter Allgemeine Sonntagszeitung, 14. Jhg., Nr. 43 (26.10.), S. 43.

Bauman, Zygmunt (2000): Liquid Modernity. Cambridge/Malden: Polity Press.

Bauman, Zygmunt (2005): Liquid Life. Cambridge/Malden: Polity Press.

Beck, Ulrich (1998): Was ist Globalisierung? Irrtümer des Globalismus – Antworten auf Globalisierung. Frankfurt am Main: Suhrkamp.

Benner, Christiane (Hrsg.) (2015): Crowdwork – zurück in die Zukunft? Perspektiven digitaler Arbeit. Frankfurt am Main: Bund-Verlag.

Bergmann, Jens (2011): Ökonomisierung des Privaten? Aspekte von Autonomie und Wandel der häuslichen Privatheit. Wiesbaden: VS Verlag für Sozialwissenschaften.

Binswanger, Mathias (2010): Sinnlose Wettbewerbe. Warum wir immer mehr Unsinn produzieren. Freiburg i. Br./Basel, Wien: Herder.

Binswanger, Mathias (2011): Sinnlose Wettbewerbe. In: Cicero. Magazin für politische Kultur, Februar, S. 88–91.

Brockow, Thomas/Freese, Esther/Schulze, Jan (2014): Priorisierung: Werthaltungen und Assoziationen. Ergebnisse einer Befragung delegierter Ärzte auf dem 117. Deutschen Ärztetag 2014. In: Deutsches Ärzteblatt, Jhg. 111, Heft 41, S. A1742–A1744.

Brynjolfsson, Erik/McAfee, Andrew (2014): The Second Machine Age: Work, Progress, and Prosperity in a Time of Brilliant Technologies. New York/London: Norton.

Etzioni, Amitai (1988): The Moral Dimension: Toward a New Economics. New York: The Free Press/London: Collier Macmillan.

Flintrop, Jens (2014): Die Suche nach dem richtigen Maß. Krankenhäuser zwischen Medizin und Ökonomie. In: Deutsches Ärzteblatt, Jhg. 111, Heft 45, S. A1929–A1931.

Friedman, Milton (2009 [1962]): Capitalism and Freedom: Fortieth Anniversary Edition. Chicago: University of Chicago Press.

Graff, Bernd (2012a): Die Mensch-Maschine. Die Quantified-Self-Bewegung will mit Smartphone und Datenchips zum Runterschlucken endlich alle schlechten Gewohnheiten überwinden. Manche halten das für eine humanistische Katastrophe, andere für die Lösung sämtlicher Probleme. Aber wie konnte es überhaupt so weit kommen? In: Süddeutsche Zeitung, 68. Jhg., Nr. 173 (28./29.07.), S. 11.

Graff, Bernd (2012b): Wir herrenlosen Sklaven. Was war noch mal das gute Leben? Auf einer Stuttgarter Tagung wurde die schleichende Ökonomisierung der Werte diskutiert. In: Süddeutsche Zeitung, 68. Jhg., Nr. 286 (11.12.), S. 14.

Grimm, Petra/Zöllner, Oliver (Hrsg.) (2012): Schöne neue Kommunikationswelt oder Ende der Privatheit? Die Veröffentlichung des Privaten in Social Media und populären Medienformaten (= Medienethik, Bd. 11). Stuttgart: Steiner.

Groth, Andreas (2011): Nun sagt, wie hab ihr’s mit der Ethik? In: Frankfurter Allgemeine Zeitung, 63. Jhg., Nr. 264 (12.11.), S. C6.

Habermas, Jürgen (1965): Strukturwandel der Öffentlichkeit. Untersuchungen zu einer Kategorie der bürgerlichen Gesellschaft. 2. Aufl. Neuwied/Berlin: Luchterhand.

Habermas, Jürgen (1987): Theorie des kommunikativen Handelns. Band 2: Zur Kritik der funktionalistischen Vernunft. 4. Aufl. Frankfurt am Main: Suhrkamp.
Hepp, Andreas (2014): Transkulturelle Kommunikation. 2. Aufl. Konstanz/München: UVK/Lucius.
Hobsbawm, Eric (1996 [1962]): The Age of Revolution: Europe 1789-1848. London: Weidenfeld & Nicolson.
Hobsbawm, Eric (1994): Age of Extremes: The Short Twentieth Century. 1914–1991. London: Joseph.
Illouz, Eva (1997): Consuming the Romantic Utopia: Love and the Cultural Contradictions of Capitalism. Berkeley: University of California Press.
Illouz, Eva (2007): Cold Intimacies: The Making of Emotional Capitalism. Cambridge/Malden: Polity Press.
Illouz, Eva (2012): Why Love Hurts: A Sociological Explanation. Cambridge/Malden: Polity Press.
Imhof, Kurt (2011): Die Krise der Öffentlichkeit. Kommunikation und Medien als Faktoren des sozialen Wandels. Frankfurt am Main/New York: Campus-Verlag.
Judt, Tony (2005): Postwar: A History of Europe Since 1945. New York: Penguin Press.
Judt, Tony (2010): Ill Fares the Land. New York: Penguin Press.
Kehlmann, Daniel (2005): Die Vermessung der Welt. Roman. Reinbek bei Hamburg: Rowohlt.
Kiefer, Marie-Luise (1999): Das Rundfunkpublikum als Bürger und Kunde. In: Schwarzkopf, Dietrich (Hrsg.): Rundfunkpolitik in Deutschland. Wettbewerb und Öffentlichkeit. Band 2. München: Deutscher Taschenbuch-Verlag, S. 701–744.
Kocka, Jürgen (2013): Geschichte des Kapitalismus. München: Beck.
Lazzarato, Maurizio (2013): Über die kalifornische Utopie/Ideologie. In: Diederichsen, Diedrich/Franke, Anselm (Hrsg.): The Whole Earth. Kalifornien und das Verschwinden des Außen [Ausstellungskatalog]. Berlin: Sternberg, S. 166–168.
Margaret Thatcher Foundation (2012): Interview for Woman's Own („no such thing as society") [transcript]. Online: http://www.margaretthatcher.org/document/106689 (Download 30.11.2012).
Mayer-Schönberger, Viktor/Cukier, Kenneth (2013): Big Data: A Revolution That Will Transform How We Live, Work, and Think. Boston/New York: Houghton Mifflin Harcourt.
Metz, Markus/Seeßlen, Georg (2014): Geld frisst Kunst. Kunst frisst Geld. Ein Pamphlet. Berlin: Suhrkamp.
Mirowski, Philip (2013): Never Let a Serious Crisis Go to Waste: How Neoliberalism Survived the Financial Meltdown. London/New York: Verso.
Morozov, Evgeny (2013): To Save Everything, Click Here: The Folly of Technological Solutionism. New York: Public Affairs.
Morozov, Evgeny (2015): Datenfluss aus dem Badezimmer. Die Umwandlung des Privatlebens in Vermögenswerte. In: Edition Le Monde diplomatique, Nr. 16, S. 69–71.
Nussbaum, Martha C. (2012): Not for Profit: Why Democracy Needs the Humanities. Princeton: Princeton University Press.
Osterhammel, Jürgen (2009): Die Verwandlung der Welt. Eine Geschichte des 19. Jahrhunderts. München: Beck.
Pilling, David (2014): Bigger, Richer, Better? How GDP Has Become a Global Obsession. In: Financial Times, 05./06.07., S. 6–7.
Priddat, Birger P. (2013): Bevor wir über ‚Ökonomisierung' reden: was ist ‚ökonomisch'? In: Soziale Welt, 64. Jhg., Nr. 4, S. 417–434.
Rawls, John (1999 [1971]): A Theory of Justice. Rev. ed. Cambridge: Belknap/Harvard University Press.
Rödder, Andreas (2010): Zahl und Sinn. Statistiken, Rankings, Evaluationen: Zahlen dominieren das gesellschaftlich-politische Denken. Über der einseitigen Quantifizierung geht jedoch der Sinn für den Sinn verloren, denn Zahlen sind kein Ersatz für Urteilskraft, Erfahrung und praktische Vernunft. In: Frankfurter Allgemeine Zeitung, 62. Jhg., Nr. 152 (05.07.), S. 7.
Rödder, Andreas (2014): Rückwärts in die Adenauerzeit. Ausgerechnet die Nachkriegsjahre werden von der Linken heute als goldenes Zeitalter verklärt. Denn da gab es viel Gleichheit und soziale

Wärme. Woher kommt die Sehnsucht nach Geborgenheit? In: Frankfurter Allgemeine Sonntagszeitung, 14. Jhg., Nr. 35 (31.08.), S. 21.
Sandel, Michael J. (2008 [1982]): Liberalism and the Limits of Justice. 2nd ed. Cambridge: Cambridge University Press.
Sandel, Michael J. (2012): What Money Can't Buy: The Moral Limits of Markets. London: Lane.
Schirrmacher, Frank (2013): Ego. Das Spiel des Lebens. München: Blessing.
Sedláček, Tomáš (2012): Die Ökonomie von Gut und Böse. München: Hanser.
Standage, Tom (2013): Writing on the Wall: Social Media – the First 2,000 Years. New York: Bloomsbury.
Streeck, Wolfgang (2014): Die „goldenen Jahre". In den fünfziger Jahren war das Kapital noch gezähmt. Das brachte Wohlstand und sozialen Fortschritt. Wer sich daran erinnert, ist kein Nostalgiker. In: Frankfurter Allgemeine Sonntagszeitung, 14. Jhg., Nr. 37 (14.09.), S. 26.
Thielemann, Ulrich (2008): Der unbemerkte Sachzwang zum Unternehmertum. Zur Aktualität Max Webers im Zeitalter globalen Wettbewerbs. In: Georg Pfleiderer/Alexander Heit (Hrsg.): Wirtschaft und Wertekultur(en). Zur Aktualität von Max Webers „Protestantischer Ethik". Zürich: Theologischer Verlag, S. 75–103.
Trost, Kai Erik (2013): Soziale Onlinenetzwerke und die Mediatisierung der Freundschaft. Eine qualitative Studie zur Bedeutung von Facebook für das Freundschaftskonzept Jugendlicher. Baden-Baden: Nomos.
Villa, Paula-Irene (2008): Habe den Mut, Dich Deines Körpers zu bedienen! Thesen zur Körperarbeit in der Gegenwart zwischen Selbstermächtigung und Selbstunterwerfung. In: Dies. (Hrsg.): Schön normal. Manipulationen am Körper als Technologien des Selbst. Bielefeld: Transcript-Verlag, S. 245–272.

ÖKONOMISIERUNG ALS MEDIENETHISCHE HERAUSFORDERUNG – POTENTIALE DER PROZESSETHISCHEN ENTSCHEIDUNGSFINDUNG IM STAKEHOLDERDIALOG

Matthias Karmasin, Larissa Krainer

1 EMPIRISCHE WIRKUNGEN DER ÖKONOMISIERUNG

Fasst man die Ergebnisse mehrerer Studien zum Verhältnis von Ökonomie und Ethik in der medialen Aussagenproduktion knapp zusammen, kann man konstatieren, dass wirtschaftliche Sachzwänge nicht geringer, sondern größer geworden sind. Einige dieser Ergebnisse seien exemplarisch ausgeführt. Im Rahmen eines 7. EU-Rahmenprogrammprojektes (mediaact.eu) wurden 2012 insgesamt 1762 Journalistinnen und Journalisten unter anderem befragt, was Qualität am stärksten beeinflusse (vgl. z. B. Fengler/Karmasin 2012).

Which context factors influence journalistic quality?
„This is a (major) problem." (in percent) n-1762

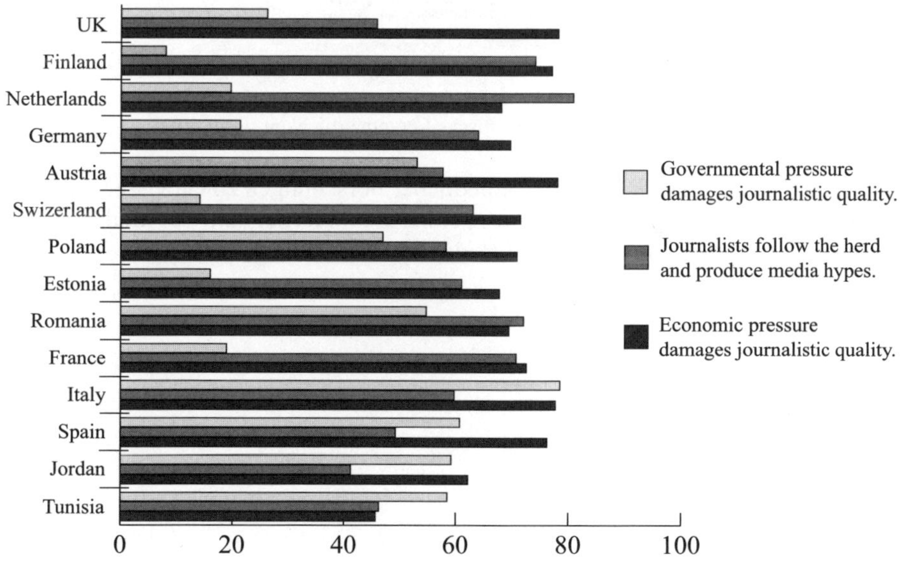

Abb. 1: Der Einfluss von Kontextfaktoren auf journalistische Qualität

Man sieht auf den ersten Blick, dass neben kultur- und mediensystemspezifischen Differenzen, was den Einfluss der Politik betrifft, der wirtschaftliche Druck als dominantes Problem gesehen wird. Die (wirtschaftliche) Globalisierung und die Refinanzierungskrise sind also auch in den Einstellungen von professionellen Content-Produzierenden deutlich repräsentiert – mehr noch: Es zeigt sich, dass wirtschaftliche Sachverhalte keineswegs obsolet geworden sind.

Dies bedeutet allerdings nicht, dass sich Journalistinnen und Journalisten auch diesen wirtschaftlichen Zwängen verpflichtet fühlten – ganz im Gegenteil: Alle Befragten nennen das Gewissen als die für sie dominante (individualethische) Instanz (vgl. z. B. Fengler/Karmasin 2012).

„To whom do you feel responsible as a journalist?"
„Highly responsible", or „very highly responsible" (in percent) n-1762

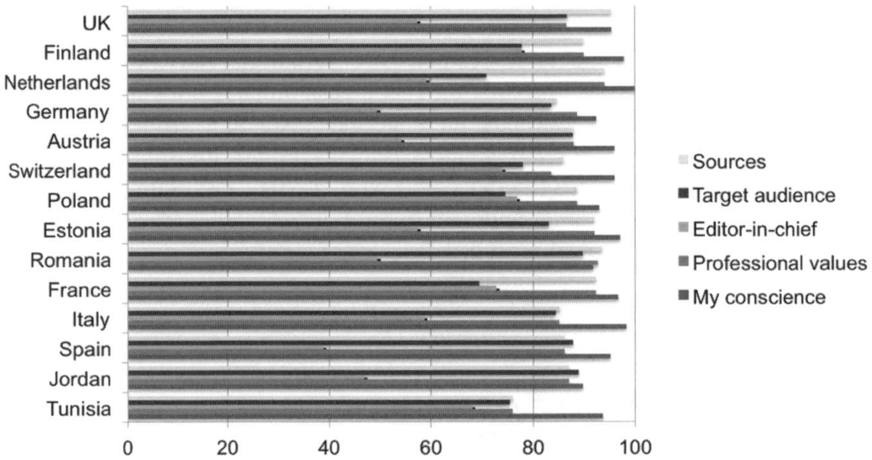

Abb. 2: Journalistische Verantwortlichkeit

Die Folgen seien am Beispiel unterschiedlicher Forschungen zu Gewissenskonflikten bei JournalistInnen, bei Managern, bei der Bevölkerung und bei MedienmanagerInnen in Österreich kurz skizziert (vgl. Karmasin 2013: 91).

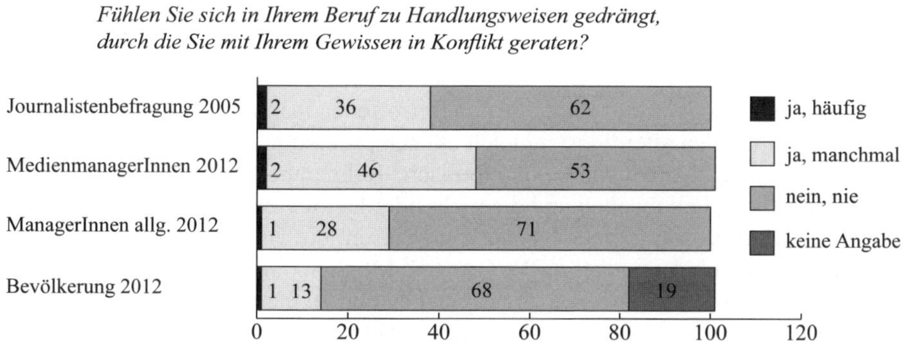

Abb. 3: Gewissenskonflikte im journalistischen Alltag im Vergleich zur Bevölkerung[1]

Immerhin 46 Prozent der MedienmanagerInnen geben an, zumindest manchmal zu Handlungsweisen im beruflichen Kontext gedrängt zu werden, durch die sie mit ihrem Gewissen in Konflikt geraten. Zählt man die zwei Prozent hinzu, die häufig mit solchen Gewissenskonflikten konfrontiert werden, so kann man zum Schluss kommen, dass 48 Prozent der befragten MedienmanagerInnen in ihrem Beruf mit Gewissenskonflikten konfrontiert sind. Bedenkt man die social desirability bias bei Fragen nach Gewissenskonflikten und zieht man ins Kalkül, dass im Management primär ökonomische Entscheidungen und nicht Gewissenskonflikte gefragt sind bzw. dieses Rollenideal an manchen Aus- und Weiterbildungsinstitutionen immer noch perpetuiert wird, so ist dies ein erstaunlich hoher Wert. Die in der Journalismusstudie 2005 befragten Journalisten und Journalistinnen sind zu 36 Prozent manchmal und zu zwei Prozent häufig mit Gewissenskonflikten konfrontiert und liegen damit deutlich über dem Schnitt der Bevölkerung, wo in einer bevölkerungsrepräsentativen Stichprobe 2012 lediglich 13 Prozent angaben, manchmal mit Gewissenskonflikten konfrontiert zu sein. Es bleibt also der Befund, dass MedienmanagerInnen und JournalistInnen in ihrem beruflichen Wirken besonders häufig mit Gewissenskonflikten konfrontiert sind. Andere Studien, die zu diesem Thema durchgeführt wurden, lassen darauf schließen, dass die ökonomischen Vorgaben, der Zwang zur Rationalisierung und Effizienzsteigerung, die Notwendigkeit, bei einem schrumpfenden Werbemarkt und sinkenden Vertriebserlösen Einsparungen vorzunehmen, sowie die Herausforderung der Digitalisierung und Konvergenz Medienmanager und Medienmanagerinnen in berufliche Situationen bringen, wo die vermeintlichen Sachzwänge des Marktes und der Unternehmensorganisation und die ethisch-moralischen Ansprüche kollidieren.[2]

Wenn dann auch noch unternehmensinterne Ausgleichsmechanismen fehlen, die von den Befragten der Mediaact Studie als besonders effektiv angesehen werden, dann wird der Konflikt zwischen den ökonomischen Bedingungen und den

1 Quellen: Karmasin 2005a, 2013; Gallup 2005, 2013 (N=100); Omnibus Gallup 2012 (N=1000).

2 Studien wie „Ethics and Standards in Newsrooms Today. Some misguided, unguided behavior" von Sharon Peters, Kellogg School of Management and Medill School of Journalism (Media Management Center, Northwestern University, 2001), zeigen dies deutlich.

professionellen (medienethischen) Ansprüchen ausschließlich in das Individuum verlagert. Eine Verlagerung in das Individuum bedeutet wiederum, dass das eigene Gewissen, bei Kant als „innerer Gerichtshof" beschrieben (Kant 1997: 573), zur einzigen Befragungsinstanz wird, die den Betroffenen in ethischen Konflikten offen steht. Damit werden allerdings zugleich ethisch problematische Konsequenzen aus strukturellen Gegebenheiten, die ökonomische Rahmenbedingungen mit sich bringen oder erforderlich machen und die nicht oder kaum von den handelnden Individuen beeinflussbar sind, einer Instanz zugewiesen, die sie nicht entscheiden oder verändern kann. Und umgekehrt: Wo Orte und Möglichkeiten fehlen, um strukturell bedingte ethische Problemzonen zu besprechen und zu thematisieren, können diese auch nicht in jenem Kollektiv besprochen werden, das gemeinsam von ihnen betroffen ist. Wir werden auf diesen Aspekt nochmals zurückkommen.

Ein Instrument zum Umgang mit ethischen Fragen, das in vielen Organisationen und Unternehmen, so auch in Medienunternehmen, anzutreffen ist, sind Kodizes. Dabei sind zwei Kategorien zu unterscheiden: Solche, die (meist von Dachorganisationen) für ganze Professionen verfasst, und jene, die von Organisationen oder Unternehmen verabschiedet werden und die sowohl Richtlinien für den Umgang mit ethischen Fragen innerhalb des Unternehmens als auch darüber hinaus (mit diversen Stakeholdern) umfassen können. Zu ersteren zählt etwa der Pressekodex, der prinzipiell an alle JournalistInnen gerichtet ist (wenn auch in jüngster Zeit immer mehr Stimmen, etwa von journalistischen Bloggern, laut werden, die betonen, sich von dem Instrument nicht umfasst zu fühlen). Für MedienmanagerInnen sind bislang keine vergleichbaren Kodizes bekannt, wohl aber gelten auch für sie allgemeine Richtlinien, wie etwa der Deutsche „Corporate Governance Kodex", der – so die Eigendefinition – „wesentliche gesetzliche Vorschriften zur Leitung und Überwachung deutscher börsennotierter Gesellschaften (Unternehmensführung)" darstellt und „international und national anerkannte Standards guter und verantwortungsvoller Unternehmensführung" enthält (Regierungskommission Deutscher Corporate Governance Kodex 2013, Präambel).

Die Befragung der JournalistInnen und der MedienmanagerInnen zum Stellenwert solcher Kodizes ergab 2012 das folgende Bild:

"Codes of ethics have high impact in behavior..."
"High impact" or "very high impact" ascribed to... (in percent) n-1762:1

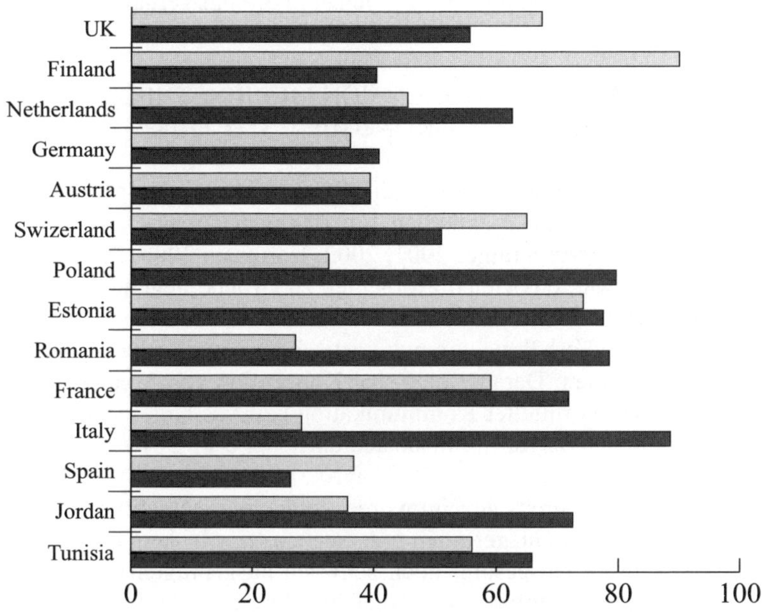

Abb. 4: Der Einfluss von Kodizes in der journalistischen Praxis

Interessant daran ist, dass die Bewertung der Bedeutung von Professionskodifizierungen im Vergleich mit Unternehmensrichtlinien in verschiedenen Ländern zwar sehr unterschiedlich ausfällt, dass aber die Tendenz deutlich in Richtung Unternehmensethik weist. Als Gründe dafür lassen sich die folgenden vermuten: Professionsethik ist, weil tendenziell „allumfassend", in der Regel eher abstrakt, Unternehmensethik, weil auf eine bestimmte Organisation ausgerichtet, meist konkreter formuliert. Die Möglichkeit, an der Erstellung von unternehmensethischen Richtlinien mitzuwirken, sie auch im Bedarfsfall zu adaptieren, ist weit größer als auf der Ebene der Professionsethik, und Mitwirkung kann Kenntnis wie Akzeptanz von Kodizes deutlich erhöhen. Zugleich lassen sich unternehmensethische Richtlinien auch besser als Argumentationshilfe gegenüber den eigenen Vorgesetzten verwenden als abstrakte professionsethische Standards.

Diese (und) andere empirische Befunde machen deutlich:

- dass der ökonomischer Druck hoch ist,
- dass ein Hauptproblem bei der Realisierung medialer Qualität darin gesehen wird, dass (Gewissens-)Konflikte steigen,

– und dass Regelungen auf Ebene des Unternehmens wirksam sind, diese aber in vielen Fällen nicht vorhanden sind bzw. kaum (ordnungspolitische) Anreize zur Institutionalisierung existieren.

Aus deskriptiver Sicht ist also die Frage nach dem Verhältnis von ethischer und ökonomischer Rationalität in der Medienethik hochaktuell. Wir gehen davon aus, dass viele ethische Problemlagen ihre Wurzel genau in diesem Verhältnis haben.

2 AKTUELLE KONZEPTIONEN VON MEDIENETHIK IM SCHNITTFELD VON ÖKONOMIE UND ETHIK

Wie kann nun die ethische Reflexion der Medien basierend auf einer grundsätzlich dualistischen Ontologie auf diese aktuellen Entwicklungen reagieren? Ein Vorschlag (u. a. von Zerfaß 1999; Krainer 2001, 2002; Karmasin 2000, 2005b, 2010; Trommershausen 2011) war, das vielen Problemen zu Grunde liegende Verhältnis von ethischer und ökonomischer Rationalität oder, ins Kommunikationswissenschaftliche gewendet, das Verhältnis von publizistischer und wirtschaftlicher Qualität in den Blick zu nehmen. Daraus folgt eine Konzeption von Medienethik als Wirtschaftsethik medial vermittelter Kommunikation bzw. als Unternehmensethik der Medienunternehmung, wie Karmasin sie ausführlicher etwa 2010 argumentiert und differenziert hat.

Inzwischen liegen, wie bereits gezeigt wurde, auch empirische Ergebnisse vor, die das Handeln von MedienmanagerInnen untersuchen, eine bislang deutlich „unterforschte Spezies" in der (insgesamt noch schwach ausgeprägten) medienethischen Empirie, in welcher traditionell der Blick auf die ProduzentInnen von Medien (HerausgeberInnen, RedakteurInnen, JournalistInnen, Blogger) und die Medienhandelnden (z. B. Internetuser) gerichtet wurde und wird. In den Mittelpunkt der ökonomischen Perspektive werden „Medienunternehmen und ihre (ethische und soziale) Verantwortung" (Litschka o. J.: 11) gestellt und es zeigt sich, dass organisations-, wirtschafts- und unternehmensethische Ansätze für die Medienethik genutzt werden können, um deren perspektivischen Fokus zu erweitern und zudem den Blick auf ethische Herausforderungen im Medienmanagement zu schärfen. Aus wirtschaftsethischer Sicht ist jede Unternehmung auch ein ethischer Akteur und hat im Sinne eines Modells gestufter Verantwortung für ihre Handlungen einzustehen.

Aus philosophischer (z. B. Krainer/Heintel 2010: 102) wie aus ökonomischer Perspektive (z. B. Ulrich 2002) wird zudem plausibel argumentiert, dass die nach wie vor gängige Begründung (insbesondere neoklassischer Provenienz, einer der prominentesten Vertreter davon ist Milton Friedmann) nicht haltbar ist, der zufolge Ökonomie als „wertfreie, objektive und möglichst formalisierbare Theorie" (Ulrich 2002: 292) zu begreifen sei, die deshalb alle Fragen der Ethik obsolet werden ließe, weshalb moralische Aspekte wie Wertfragen ausschließlich dem Zuständigkeitsbereich der Ethik zuzuordnen seien (vgl. Krainer/Heintel 2010: 102f.). Ökonomie, insbesondere aber neoliberale Konzeptionen von ihr, stellen selbst Wertfiguren dar, die bestimmten Werten (z. B. der Gewinnmaximierung) den Vorrang gegenüber anderen einräumen (z. B. der Qualitätssicherung) und, damit verbunden, nicht selten auch bestimmten Interessensgruppen (z. B. Shareholdern) gegenüber allen anderen Stakeholdern. Erst die Betrachtung von Ökonomie als eigenständige Wertfigur mit sehr unterschiedlichen inneren Wertsetzungen normativer Art (siehe dazu ausführlich: Litschka o. J.: 23ff.) lässt sie für die ethische Reflexion zu einem hinterfragbaren Gegenstand werden, der mit bloßer Sachzwang-Argumentation weder begründbar noch aus der Welt zu schaffen ist. Es ist nicht zuletzt eine ethische Grundentscheidung, welche ökonomischen Ziele man sich als Unternehmung (abseits des ökonomischen Überlebens) selbst setzt bzw. welchen man sich unterwirft und welchen Umgang mit Anspruchs- oder Interessensgruppen (Shareholdern wie anderen Stakeholdern) man pflegt.

Eine zusätzliche Perspektive lässt sich gewinnen, wenn man „systemische Wertfiguren" identifiziert und die Einrichtung von Unternehmen und Organisationen in unterschiedlichen Systemen (z. B. dem Gesundheitssystem, dem Mediensystem, der produzierenden Wirtschaft etc.) als strukturelle Antworten begreift, diesen „systemischen Wertfiguren" einen Ort zu geben (Krainer/Heintel 2010: 18f.). Sie selbst brauchen dann in der Regel nicht mehr explizit als Grund- und Leitwerte reflektiert zu werden. Als exemplarisches Beispiel sei hier zunächst das Krankenhaus angeführt. In der westlichen Schulmedizin stellt das naturwissenschaftliche Paradigma einen Leitwert dar, der das Geschehen im Krankenhaus weitgehend prägt. Gesundheit und Heilung (häufig auch im Sinne von Reparatur gedacht) stellen das „Gute" in dieser Organisation dar, Krankheit das zu bekämpfende Übel. Dass Palliativmedizin, die nicht mehr der Logik der kurativen Medizin folgt, sondern akzeptiert, dass unheilbar Kranke andere Formen der medizinischen Betreuung brauchen, lange Zeit ein Schattendasein geführt hat, mag diesem Widerspruch zur systemischen Wertfigur, die auf Heilen und Kurieren aus ist, geschuldet sein. Ähnlich im Mediensystem: Nicht zufällig ist ein historisch prominentes Forschungsgebiet die „Nachrichten*wert*theorie". Die Nachricht, das Neue wird zum Guten und in ihm lassen sich noch Hierarchien in Bezug auf unterschiedliche Nachrichten und deren Nachrichtenwert erstellen. In Zeiten der „Jetztzeitberichterstattung", in der nahezu alle Nachrichten ohne gravierende Zeitverzögerungen über verschiedene (und immer mehr nicht klassische) Medienkanäle verfügbar sind, beginnt sich dieser Wert für klassische Medienunternehmen allerdings zu verändern, die bloße Nachricht lässt sich in der Zeitung am nächsten Tag kaum noch als „Neuigkeit" verkaufen, muss mindestens anders gerahmt, mit mehr Hintergrundinformation ausgestattet werden.

Mit Blick auf verschiedene systemische Wertfiguren ergibt sich allerdings noch eine wesentliche Einschätzung: Einige von ihnen lassen sich als gesellschaftlich „dominante" Wertfiguren beschreiben, zu ihnen zählt die Dominanz des ökonomischen Modells, das längst in fast alle anderen gesellschaftlichen Subsysteme Einzug gehalten hat, aber etwa auch das naturwissenschaftliche Denkmodell, dessen Leitkriterien inzwischen auch andere Wissenschaften zu dominieren beginnen (vgl. Heintel 2004). Die durchgängige Ökonomisierung fast aller gesellschaftlichen Subsysteme macht natürlich auch vor dem Mediensystem nicht Halt und sorgt dort, wie anderswo, für erhebliche, nicht zuletzt ethische Konflikte, wie schon den empirischen Hinweisen zu entnehmen war.

Zusammenfassend lässt sich sagen, dass aus medien- wie wirtschaftsethischer Perspektive

- das Verhältnis und die ethischen Konflikte von und zwischen ethischer und ökonomischer Rationalität wie Normativität reflektiert und analysiert werden,
- die ethische Verantwortung von der individualethischen Verantwortung, die lange primär JournalistInnen zugemutet wurde, auf die ökonomisch Handelnden (z. B. MedienmanagerInnen) und letztlich die Medienunternehmung als ethisch verantwortlichen Akteur ausgeweitet wurde,
- die Schnittstelle zwischen Wirtschafts- und Medienethik konsequent bearbeitet wird,
- in zunehmendem Ausmaß empirische Befunde vorliegen und
- erste Vorschläge für die operative und organisatorische Umsetzung von ethischen Reflexionsprozessen, die nicht ausschließlich auf individuelle Reflexion abzielen, vorliegen. Von ihnen soll abschließend noch näher die Rede sein.

3 PROZESSETHIK UND STAKEHOLDERMANAGEMENT ALS MEDIENETHISCHE VERFAHREN

Die meisten empirischen Daten bieten Aufschluss über individualethische Aspekte, wie die hohe Bedeutung des Gewissens (siehe oben), individuelle Entscheidungen in simulierten ethischen Konfliktsituationen (vgl. etwa Litschka/Suske/Brandtweiner 2011) und lassen Rückschlüsse auf individuelle Praktiken zu. Zugleich bieten sie aber einen ersten Überblick über überindividuelle Richtwerte und Einstellungen, wie etwa den Wunsch nach mehr Sanktionen bei ethischem Fehlverhalten (vgl. Fengler/Karmasin 2012). Sie liefern aber auch erste Eindrücke über das Vorhandensein „ethischer Praktiken“ innerhalb der Medienunternehmungen und -organisationen, wobei bei der Frage nach „Orten der Ethik im Unternehmen“ mehrheitlich auf die Unternehmenskultur und besondere Richtlinien des Unternehmens, aber auch auf Leistungsvereinbarungen oder Controlling-Maßnahmen verwiesen wird, demgegenüber aber kaum auf prozessrelevante Aspekte (vgl. Litschka o. J.: 237f.).

Abschließend sollen die beiden Ethik-Ansätze „Stakeholdermanagement“ und „Prozessethik“ in ihren unterschiedlichen Entwicklungen kurz skizziert und auf Gemeinsamkeiten sowie Potentiale, sich gegenseitig zu ergänzen, untersucht werden.

Das Konzept des Stakeholdermanagements stammt ursprünglich aus der (anglo-)amerikanischen Tradition der Wirtschaftswissenschaften und wurde anfänglich für börsennotierte Unternehmen entwickelt, inzwischen aber auf sehr viele andere Bereiche und Tätigkeitsfelder übertragen (etwa auf KMU, öffentliche Einrichtungen, Non-Profit-Organisationen oder auch Public Relations) (vgl. Karmasin 2007). Es stellt einen Gegenpol zu Shareholder-Konzepten dar, die sowohl empirisch als auch normativ für falsch gehalten werden (vgl. etwa Post/Preston/Sachs 2002: 11ff.), zumal Shareholder „securities“ halten, die Unternehmung allerdings weder „besitzen“ noch als die einzigen relevanten Schlüsselfaktoren zu ihrem Erfolg zu betrachten sind und weil von daher die primäre oder alleinige Dominanz ihrer Interessen gegenüber allen anderen Anspruchsgruppen nicht begründet werden kann. Zentral geht es um die Frage, wie strategisches Management so ausgerichtet werden kann, dass sowohl die ökonomischen als auch die gesellschaftlichen Aufgaben von Unternehmen und Organisationen sowie die damit verbundene Verantwortung wahrgenommen werden können. Die Natur der Unternehmung wird darin als „öffentlich exponierte" beschrieben, jedes Unternehmen damit als quasiöffentliche (gesellschaftliche) Organisation betrachtet. Als Stakeholder oder (strategische) Anspruchsgruppe lassen sich alle direkt artikulierten (und organisierten) Interessen bzw. Umwelteinflüsse, die an die Unternehmung herangetragen werden, verstehen und alle jene Interessen bzw. Gruppen, die durch das Handeln der Unternehmung betroffen werden (bzw. betroffen werden können).[3] Karmasin schlägt aktuell (2014) darüber hinaus vor, eine Gruppe von „tertiären Stakes" bzw. „tertiären Stakeholdern" zu definieren, die relevant werden, „wenn durch unternehmerisches Handeln zukünftige Generationen, die natürliche Umwelt, Grundwerte der menschlichen Gemeinschaft, das Gemeinwohl etc. betroffen sind, diese Ansprüche aber nicht von einer entsprechend mächtigen gesellschaftlichen Gruppierung an die Unternehmung herangetragen werden".

Der Ansatz der Prozessethik steht in einer philosophischen Tradition, die sich im Sinne einer praktischen Philosophie um Möglichkeiten der konkreten Umsetzung ethischer Entscheidungsprozesse bemüht. Berücksichtigt werden dabei – neben philosophischen Aspekten – unterschiedliche Erkenntnisse aus der Beobachtung von Organisationen (Organisationsentwicklungsforschung), der Organisationsberatung, der Konfliktforschung sowie der gruppendynamischen Forschung und Trainingspraxis, die an der Universität Klagenfurt über eine langjährige Tradition verfügen.

Beide Ansätze gehen, wenn auch auf unterschiedliche Denkschulen Bezug nehmend (im Stakeholderansatz ist dies etwa das strategische Management bzw. die integrative Wirtschaftsethik, in der Prozessethik sind es etwa die Hegelsche Dialektik oder die Diskursethik von Habermas), davon aus, dass Ethik von keiner außenstehenden Urteilsinstanz verordnet, vorgeschrieben werden kann (lehnen insofern Formen der ethischen Fremdbestimmung ab) und betonen die Notwendigkeit der Einbeziehung aller (legitimen) Ansprüche (Stakes) bzw. Interessen in unternehmerische bzw. organisationale Entscheidungen, so auch in ethischen Fragen.

Der Ansatz des Stakeholdermanagements fordert, dass „nicht nur primäre und sekundäre, interne und externe Stakeholder (Stakes), die die Möglichkeit haben, die Unternehmung in ihrem Bestand zu gefährden, in unternehmerische Entscheidungen einzubeziehen" sind, sondern auch jene, die von Entscheidungen und Handlun-

3 Wie Freeman & Evan (1993: 255) „klassisch" definieren: „Stakeholders are those groups who have a stake in or claim on the firm. Specifically we include suppliers, customers, employees, stockholders, and the local community, as well as management in its role as agent for these groups." Primäre Stakeholder sind dabei über marktliche Prozesse mit der Unternehmung verbunden, sekundäre Stakeholder sind Gruppen, die über nicht-marktliche Prozesse mit der Unternehmung verbunden sind, interne Stakeholder solche, die innerhalb der Grenzen der Organisation agieren, externe solche, die außerhalb agieren. Aktuelle Debatten und Definitionen siehe Freeman et al. 2010.

gen der Unternehmung betroffen sind, ohne dass sie unmittelbar über strategische Machtmittel verfügen oder ihre Interessen direkt oder indirekt artikulieren können (Karmasin 2007). Ähnlich wird in der Prozessethik (und weitgehend in Analogie zu diskursethischen Prämissen) betont, dass alle, die von (ethischen) Entscheidungen betroffen sind, das Recht zugesprochen bekommen müssen, an deren Entscheidungsfindung partizipieren zu können. Solche Ansprüche werfen allerdings theoretisch wie praktisch einige Fragen und Probleme auf, zumal es ethische Fragen gibt, von denen potenziell alle Menschen betroffen sind, die zugleich aber aus organisationspragmatischen Gründen nicht eingebunden werden können, oder weil es Menschen geben kann, die von solchen Entscheidungen unmittelbar betroffen sind, aber noch nicht oder nicht mehr in der Lage sind, an ihnen teilzunehmen (z. B. Kinder oder schwer Kranke). Aber selbst wenn es zum Beispiel um die Frage geht, wie und von wem ein Unternehmenskodex verfasst werden soll, ist evident, dass es kaum möglich ist, alle Betroffenen in einer Organisation in gleicher Form einzubinden. Dazu werden aus prozessethischer Perspektive Verfahren vorgeschlagen, die zumindest eine partielle Einbindung ermöglichen bzw. eine adäquate Stellvertretung von nicht Entscheidungsfähigen vorsehen (vgl. Krainer 2009). In instrumenteller bzw. organisatorischer Hinsicht geht es in beiden Ansätzen darum, die Interaktionen mit den Anspruchsgruppen bzw. die unterschiedlichen Interessen (auch Systemethiken) zu managen und sich zu überlegen, wie die dafür notwendigen organisatorischen und institutionellen Prozesse in Unternehmen und Organisationen verankert werden können. Zielsetzung dabei ist es jeweils, die unterschiedlichen Interessen der verschiedenen Anspruchsgruppen auszubalancieren, womit implizit bereits angedeutet ist, dass beide Ansätze davon ausgehen, dass Unternehmen und Organisationen (in der Prozessethik auch andere Sozialkonfigurationen wie Individuum, Paar, Gruppe und Institution) Orte bzw. Konstellationen sind, an denen konfligierende (ethische) Interessen aufeinandertreffen und zu balancieren, aber auch prinzipiell balancierbar sind.

Aus prozessethischer Perspektive werden Konflikte, die nicht Pannen (Fehler) als Ursache haben, auf Aporien (logisch nicht lösbare Widersprüche) zurückgeführt. Die Denkfigur der Aporie geht auf Aristoteles zurück und beschreibt Widersprüche, die zueinander das Gegenteil vertreten, aber jeweils zu Recht bestehen. Auf unser Spannungsfeld von Medien und Ökonomie bezogen, ließe sich etwa aporetisch formulieren: 1. Ökonomisierung nutzt den Medien und 2. Ökonomisierung schadet den Medien. Beide Sätze widersprechen einander, behaupten das Gegenteil voneinander und sind dennoch begründbare Positionen: Ohne wirtschaftlichen Erfolg können Medien nicht überleben und sind in ihrer Existenz bedroht, wie umgekehrt eine reine Orientierung an Gewinnmaximierung, die Inhalte allein dieser Logik unterwirft, zu bekannten Problemen führt (Boulevardisierung, Qualitätsverlust in journalistischen Belangen, in jüngster Zeit sogar zur Einstellung prominenter Zeitungstitel).

Eine zusätzliche Herausforderung von Aporien besteht darin, dass sie nicht nach den Richtlinien der (formalen) Logik zu lösen sind, der zufolge von zwei Aussagen, die einander widersprechen, (zumindest) eine falsch ist (Satz vom ausgeschlossenen Widerspruch). Aristoteles, selbst einer der Begründer dieser formalen Logik, hat allerdings bereits erkannt, dass es neben jenen Fällen, in denen der Widerspruch dadurch zustande kommt, dass eine der beiden Aussagen falsch ist, solche Aussagen gibt, auf die das nicht zutrifft, eben die Aporien. Für die Lösung ethischer Aporien schlägt er in seiner Nikomachischen Ethik die Suche nach dem rechten Maß, einer sinnvollen Mitte vor (Mesoteslehre) (vgl. Aristoteles 1995: 34). Aus einer individualethischen Perspektive hat Karmasin (1993: 383) diesem Ansatz folgend an die Adresse der MedienmanagerInnen formuliert: „Maximiere den Gewinn, solange dem keine ethischen Bedenken entgegenstehen, andernfalls gebe den ethischen Bedenken soweit nach, als noch ein angemessener Gewinn gesichert ist."

Hegel hat dafür die Methode der Dialektik entwickelt (exemplarisch: Hegel 1970: 172ff.), in der These und Antithese so ausbalanciert werden sollen, dass eine Synthese möglich wird, in der der Widerspruch dann aufgehoben ist. „Aufheben" hat allerdings drei unterschiedliche Bedeutungen, die alle zu berücksichtigen sind: Es kann meinen, dass etwas beendet wird oder nicht mehr vorhanden ist (etwa wenn ein Gesetz aufgehoben wird – Bedeutung von negare), es kann genau umgekehrt aber auch bedeuten, dass etwas aufbewahrt wird (conservare), es kann bedeuten, dass etwas in einen neuen Modus übergeführt wird (ein Konflikt in einen Konsens), dann hat es die Bedeutung einer Erhöhung (elevare). Alle drei Dimensionen treffen auf Hegels Synthese zu: Ist sie einmal gefunden, so ist der Konflikt auf Zeit gelöst, der Widerspruch erfolgreich balanciert. Nachdem der Grundwiderspruch, um den es ging, aber deshalb nicht aufhört zu bestehen, kann es sein, dass er wieder virulent wird und man neuerlich nach einer Synthese suchen muss. Insofern empfiehlt es sich, gefundene Synthesen regelmäßig einer Überprüfung auf ihre Haltbarkeit zu unterziehen.

Umgelegt auf den Stakeholder-Ansatz (und im Unterschied zu individualethischen Perspektiven) bedeutet das erstens, dass ethische Widersprüche zwischen unterschiedlichen Stakeholdern (z. B. gewinnorientiertes Medienmanagement und qualitätsorientiertes Redaktionsmanagement) zunächst argumentativ gegeneinander zu vertreten sind, mit dem Ziel, gegenseitige Einsicht in die jeweils andere Perspektive zu gewinnen, und zweitens, miteinander nach Konfliktlösungen (im günstigsten Fall eine Synthese, ein Konsens, sofern nicht anders möglich auch ein Kompromiss) zu suchen und drittens, diese gemeinsam festzuhalten. Dafür sind verschiedene Formen denkbar, bekannte Instrumente sind etwa Unternehmenskodizes oder auch Redaktionsstatuten. Sind solche Vereinbarungen getroffen, besteht berechtigte Hoffnung, dass man auf ihrer Basis eine Zeit lang arbeiten kann und dass, sofern möglichst viele von den Widersprüchen Betroffene am Prozess der Entscheidungsfindung teilhaben konnten, diese gefundene Lösung auch auf deren Einverständnis stößt.

Nachdem sich Ausgangsbedingungen – gerade in ökonomischen Zusammenhängen – aber immer wieder ändern können (Preispolitik, Marktstruktur, Einbruch der Werbewirtschaft, Konkurrenzbedingungen, Digitalisierung etc.) gilt es, die getroffene Vereinbarung auch regelmäßig zu überprüfen. Für Heintel geht es dabei „um die Beantwortung der Frage, ob wir das, was geschieht, was wir uns eingerichtet haben, für gut halten, es auch so wollen oder ob wir es anders wollen" (Heintel 1998: 19). Die Frage gibt Anlass zur Reflexion und stellt zugleich klar, dass Vereinbarungen in ethischen Fragen von Menschen (mehr oder minder) bewusst getroffen wurden und nicht etwa vom Himmel gefallen sind, was sie erst gestaltbar werden lässt.

Ähnliches lässt sich nun für den Umgang mit externen Stakeholdern skizzieren, wobei dabei schnell neue Widersprüche sichtbar werden. Die zwei Kundensysteme der Medien (Werbetreibende als Käufer von Anzeigenflächen und RezipientInnen als KäuferInnen der Medienprodukte) haben naturgegeben unterschiedliche Interessen. Diese können aber auch innerhalb der benannten Stakeholdergruppen stark divergieren: Für den einen Werbekunden mag die Reichweite das einzig relevante Kriterium sein, für einen anderen kann es bedeutsam sein, bestimmte Leserschichten zu erreichen, was durchaus auch für das Inserieren in Niveaublättern sprechen kann. Manche RezipientInnen wollen reißerische oder leicht verständliche Informationen, die ihre eigene Meinung (z. B. gegenüber AusländerInnen) bestätigen, andere suchen nach einem pluralistischen und ausgewogenen Journalismus, der in komplexen Themen Orientierung oder Basis für die eigene Meinungsbildung bietet. Und sogar ein und dieselbe Person kann widersprüchliche Interessen verfolgen, einmal nach seichter Unterhaltung streben und dann nach kritischer Berichterstattung.

Ein ernsthaftes Stakeholdermanagement nimmt all diese Widersprüche wahr und sucht nach Möglichkeiten der Auseinandersetzung mit den pluralistischen Stakeholdern. Dafür bestehen bereits Instrumente (Feedbacksysteme, Leserbriefe) und Strukturen (z. B. Publikumsräte), für kreative und innovative Lösungen ist hier allerdings noch viel Platz. Zudem sind viele dieser Orte, an denen ethische Interessen verhandelt werden, von wenig Transparenz begleitet (selbst wie die Auswahl von Leserbriefen erfolgt, wird kaum offen gelegt).

Darüber hinaus treffen im Stakeholderdialog nur sehr selten verschiedene Stakeholder eines Medienunternehmens tatsächlich aufeinander. Viel eher gelingt es noch, dass die Unternehmung mit einzelnen Stakeholdern Kontakt aufnimmt bzw. in regelmäßigem Kontakt steht und anschließend verschiedene Interessen innerhalb des Unternehmens zu balancieren versucht. Kaum aber ist die Rede davon, dass sich MedienmanagerInnen auch als ModeratorInnen von sie umgebenden Stakeholderinteressen begreifen und solche auch aktiv organisieren oder ermöglichen. Ein häufiges Beispiel dafür sind etwa Studiogespräche, in denen neben JournalistInnen (Stakeholder 1) auch ein mehr oder minder ausgewähltes Publikum (Stakeholder 2) zu Wort kommt und z. B. bei Politikerdebatten (Stakeholder 3) Gelegenheit erhält, in mehr oder minder direkte Kommunikation zu treten. Seltener bzw. gar nicht hört man hingegen davon, dass Werbekunden je persönlich auf ein Medienpublikum treffen. Stakeholder bleiben somit in der Regel voneinander separiert, ein gemeinsamer Prozess des Austragens von Widersprüchen ist kaum möglich. Das bedeutet aber, dass es zu einer strukturellen Überforderung jener (in unserem Beispiel der MedienmanagerInnen) kommen muss, die beauftragt sind, die Balance in sich herzustellen und diese dann den Stakeholdern erklären müssen. Denkt man den Stakeholderansatz und die Prozessethik zusammen, so wäre die Organisation medienethischer Stakeholderdialoge so vorzunehmen, dass darin den unterschiedlichen Stakeholdern Gelegenheit geboten wird, jene Widersprüche, die sie repräsentieren, sowie die aus ihnen folgenden Konflikte, persönlich mit jenen auszuhandeln, die die andere Seite des jeweiligen Widerspruchs repräsentieren.

4 ÖKONOMISIERUNG DER MEDIEN ODER ÖKONOMISIERUNG DURCH MEDIEN?

Abschließend noch einige Gedanken zur ethischen Relevanz der Ökonomisierung der Medien.

Aus einer rein wirtschaftlichen Perspektive geht es in ökonomischen Prozessen primär um eine möglichst günstige Input-Output-Relation. Auch wenn eine rein auf Profitmaximierung gerichtete Auffassung der Medienunternehmung zu kurz greift, die kulturelle und gesellschaftliche Rolle der Medien unterschätzt und Medienmärkte durch Marktversagen charakterisiert sind, so bleibt doch unübersehbar, dass ökonomische Muster und Strukturen auch in die mediale (Aussagen-)Produktion Einzug gehalten haben. Die bereits angesprochene Dominanz des ökonomischen Denkmodells und seiner inneren Wertfiguren macht, wie wir wissen, auch vor Medien nicht Halt. Sie bewirkt eine stärkere wirtschaftliche Ausrichtung, führt zu Schließungen von Zeitungen (oder dem Ende ihrer Printausgabe) und zu Überlegungen, wie der Verkauf von Online-Inhalten, die bislang gratis zugänglich waren, gelingen kann. Sie führt zu Verschlechterungen im Bereich der Verträge (Zunahme prekärer Arbeitsverhältnisse), zu Altersteilzeitmodellen im Journalismus oder zur Reduktion redaktioneller Flächen zugunsten von Werbeflächen („Sparspiegel“).

Das ist allerdings nur eine Seite der Medaille. Die voranschreitende Ökonomisierung hat in manchen Medien auch zu einer Vielzahl von hoch dotierten Sonderverträgen geführt und einzelne Journalistinnen und Journalisten gleichsam mit dem hervorragendsten Mittel des ökonomischen Modells, mit seiner Währung, dem Geld, „bestochen“ – ein Aspekt, der in seinen Auswirkungen noch kaum erforscht ist.

Noch viel mehr gelte es aber, den Beitrag der Medien zu einer voranschreitenden Akzeptanz der ökonomischen Wertfigur genauer zu untersuchen. In ihr ist, wie bereits erläutert, das jeweils „Neue“ das Gute, Konsum daher ein hohes Gut – allen Nachhaltigkeitsbestrebungen zum Trotz. Anzeigen und PR-Geschichten sichern Medien ihre Existenz, der bloße Blick auf daraus erzielte Erlöse ist dabei allerdings unzureichend. Mit dem Transport solcher Botschaften werden Medien zugleich zu Agenten der ökonomischen Logik und Wertsetzung. Nicht nur in Inseraten wird das „Neue“ gepriesen, auch redaktionelle Beiträge berichten regelmäßig vom enormen Andrang auf neue Softwareprodukte des Marktführers, von diversen Vorteilen neuer, anderer Produkte, Ergebnisse von Markenprodukt-Tests etc.

Welches Medium hinterfragt das vielseits propagierte Damoklesschwert der sinkenden Kaufkraft und propagiert demgegenüber eine langfristige Nutzung von Gütern, deren Teilen und Reparieren? Manche, aber wenige. Wir haben früher als Aporie formuliert: Ökonomisierung nutzt den Medien und Ökonomisierung schadet den Medien. Aber gilt auch der Umkehrschluss? Können wir zu Recht formulieren: Medien nützen der Ökonomisierung *und* Medien schaden der Ökonomisierung (im Sinne einer kritischen Fundamentalreflexion ihrer inneren Muster und propagierten Werte)? Findet das ökonomische Denkmodell in den Medien eine ausgewogene kritische Beurteilung? Wir sehen dafür Ansätze (etwa in der Berichterstattung über alternative Denkmodelle, den zunehmenden Ruf nach nachhaltigeren Formen des Konsums und Konsumierens), halten sie aber eher für partielle denn umfassend substanzielle Kritik.

Das grundlegende Interesse von Stakeholder-Management und Prozessethik (widersprüchliche vorhandene Interessen wahrzunehmen und in einen sinnvollen Ausgleich zu bringen) droht zu versagen, wenn bestimmte Interessen gar nicht mehr hinreichend vertreten werden und somit auch nicht balanciert werden können. Es bleibt erstens: Das Vertrauen darauf, dass der Versuch, Widersprüche logisch (nach dem Schema „entweder-oder"), also einseitig zu lösen, nicht gelingen kann bzw. dazu führt, dass beide Seiten des Widerspruchs verlieren (mit Medien, die nur nach der ökonomischen Rationalität ausgerichtet werden, ist weder journalistische Reputation zu erzielen, noch die politische Funktion der Medien zu erfüllen). Und es bleibt zweitens: Die Hoffnung auf eine „List der Vernunft". Solange ein entsprechender infrastruktureller und ordnungspolitischer Rahmen für die Anschlussfähigkeit ethischer und ökonomischer Kriterien in der Unternehmensführung nicht existiert, ist die Einbeziehung von (scheinbar oder evident) ohnmächtigen und ‚irrelevanten' Anspruchsgruppen nur auf freiwilliger und unternehmensethischer Basis zu leisten. Die Motivation dafür kann in der kritischen Rolle der Medien als Vierte Gewalt gesehen werden, als zeitgeistiger Versuch der Medien, Anschluss an die CSR-Debatte zu finden und unternehmerische Verantwortung zu realisieren, als strategische Klugheit, um auch weiterhin öffentliche Förderungen ansprechen zu können, oder schlicht als Notwendigkeit, der Ökonomisierung auch selbstreflexiv zu begegnen. Dies zu fordern und zu fördern kann eine wesentliche Rolle der Medienethik sein – nein: soll eine wesentliche Aufgabe der Medienethik sein.

BIBLIOGRAFIE

Aristoteles (1995): Nikomachische Ethik. Hamburg: Meiner.

Fengler, Susanne/Karmasin, Matthias (2012): Media Accountability in the Newsroom. ECREA Annual Conference, 25.10.2012, Istanbul.

Freeman, Edward R./Evan, Walter. M. (1993): A Stakeholder Theory of the Modern Corporation: Kantian Capitalism. In: Chryssides, G. D./Kaler, J. H.: An Introduction to Business Ethics. London: Chapman and Hall, S. 254–267.

Freeman, Edward R./Harrison, Jeffrey S./Wicks, Andrew C./Pamar, Bidhan L./de Colle, Simone (2010): Stakeholder Theory: The State of the Art. Cambridge: Cambridge University Press.

Gallup (2005): Das Österreichische Gallup Institut. CATI-Studie (n-1000). Wien.

Gallup (2012): Das Österreichische Gallup Institut. Omnibus-Studie. Wien.

Gallup (2013): Das Österreichische Gallup Institut. CATI-Studie (n-1000). Wien.

Hegel, G. W. F. (1970): Enzyklopädie der philosophischen Wissenschaften I. (Werkausgabe Bd. 8). Frankfurt am Main: Suhrkamp.

Heintel, Peter (1998): Abendländische Rationalität – Welche Ethik für die Wissenschaften? Unveröffentlichtes Manuskript, Klagenfurt. In gekürzter Fassung veröffentlicht unter: Heintel, Peter (1999/IV): Wissenschaftsethik als rationaler Prozeß. In: Liessmann, Konrad Paul/Weinberger, Gerhard (Hrsg.): Perspektive Europa. Modelle für das 21. Jahrhundert. Verlag Sonderzahl Wien, S. 57–81.

Heintel, Peter (2004): Das Modell Neuzeit. In: Initiative Global Marshall Plan (Hrsg.): Welt in Balance. Hamburg: Eigenverlag, S. 61–81.
Kant, Immanuel (1997): Die Metaphysik der Sitten. Frankfurt am Main: Suhrkamp.
Karmasin, Matthias (2000): Medienethik im Kontext von Ökonomisierung und Globalisierung. In: Schicha, Christian/Brosda, Carsten (Hrsg.): Medienethik zwischen Theorie und Praxis. Münster, S. 195–208.
Karmasin, Matthias (2005a): Journalismus: Beruf ohne Moral? Von der Berufung zur Profession Journalistisches Berufshandeln in Österreich. Wien: WUV.
Karmasin, Matthias (2005b): Medienethik in der Wissens- und Informationsgesellschaft: Unternehmensethik und Stakeholder. In: Kübler, Hans-Dieter/Elling, Elmar (Hrsg.): Wissensgesellschaft. Neue Medien und ihre Konsequenzen. CD der Bundeszentrale für politische Bildung (bpb), Bonn.
Karmasin, Matthias (2007): Stakeholder Management als Grundlage der Unternehmenskommunikation. In: Piwinger, Manfred/Zerfass, Ansgar (Hrsg.): Handbuch Unternehmenskommunikation. Wiesbaden: Gabler, S.71–89.
Karmasin, Matthias (2010): Medienunternehmung. Zur Konzeption von Medienethik als Unternehmensethik. In: Schicha, Christian/Brosda, Carsten: Handbuch der Medienethik. Wiesbaden: VS-Verlag für Sozialwissenschaften, S. 217–232.
Karmasin, Matthias (2013): Medienmanagement und Ethik. In: Karmasin, Matthias/Kaltenbrunner, Andy/Kraus, Daniela (Hrsg.): Der Journalisten-Report IV. Medienmanagement in Österreich. Eine repräsentative Befragung. Wien: WUV, S. 89–98.
Karmasin, Matthias (2014): Medienmanagement als Stakeholder Management. In: Karmasin, Matthias/Winter, Carsten (Hrsg.): Grundlagen des Medienmanagements. München: UTB (3. verbesserte und veränderte Auflage, in Druck).
Karmasin Matthias/Litschka, Michael (2008): Wirtschaftsethik. Theorien, Strategien, Trends. Münster et al.: LIT Verlag.
Karmasin, Matthias/Weder, Franzisca (2008): Organisationskommunikation und CSR: Neue Herausforderungen für Kommunikationsmanagement und PR. Wien/London/Zürich: LIT Verlag.
Krainer, Larissa (2001): Medien und Ethik. Zur Organisation medienethischer Entscheidungsprozesse. München: Kopaed Verlag.
Krainer, Larissa (2002): Medienethik als angewandte Ethik: Zur Organisation ethischer Entscheidungsprozesse. In: Matthias, Karmasin (Hrsg.): Medien und Ethik. Stuttgart: Reclam, S. 156–175.
Krainer, Larissa (2009): Prozessethik als Widerspruchsmanagement. Zwichen theoretischen Prämissen und praktischen Hindernissen. In: Krobath, Thomas/Heller, Andreas: Ethik organisieren. Freiburg: Lambertus Verlag GmbH, S. 584–603.
Krainer, Larissa/Heintel, Peter (2010): Prozessethik. Zur Organisation ethischer Entscheidungsprozesse. Wiesbaden: Verlag für Sozialwissenschaften.
Litschka, Michael (o. J.): Medienethik als Wirtschaftsethik medialer Kommunikation. Zur ethischen Rekonstruktion der Medienökonomie. Habilitationsschrift, Universität Klagenfurt.
Litschka, Michael/Suske, Michaela/Brandtweiner, Roman (2011): Managemententscheidungen in moralischen Dilemma-Situationen. Fakultas: Wien.
Post, James E./Preston, Lee E./Sachs, Sybille (2002): Redefining the Corporation. Stakeholder Management and Organizational Wealth. Stanford: Stanford Univ. Press.
Regierungskommission Deutscher Corporate Governance Kodex (2013): Deutscher Corporate Governance Kodex. Online: http://www.corporate-governance-code.de/ger/kodex/1.html (Abfrage: 03.04.2014).
Tromershausen, Anke (2011): Corporate Responsibility in Medienunternehmen. Köln: von Halem.
Ulrich, Peter (2002): Wirtschaftsethik. In: Düwell, Marcus/Hübenthal, Christoph/Werner, Michael: Handbuch Ethik. Stuttgart: Metzler, S. 291–296.
Zerfaß, Ansgar (1999): Soziale Verantwortung in der Mediengesellschaft. Handlungsspielräume und politische Ansätze einer ethisch aufgeklärten Unternehmensführung. In: Funiok, Rüdiger/

Schmälzle, Udo/Werth,Christoph (Hrsg.): Medienethik – die Frage der Verantwortung. Bonn: Bundeszentrale für politische Bildung, S. 163–182.

ÖKONOMISCHE PARADIGMEN IM SOCIAL WEB?

Matthias Rath

Glaubt man der inzwischen schon legendären Kolportage, dann war ein zentrales Motivationsmoment des Präsidentenwahlkampfs von Jimmy Carter 1992 der handgeschriebene Zettel (vgl. Voytek 2009) des damaligen Kampagnen-Chefs James Carville im Headquarter der Demokraten, der die maßgebenden Ideen und Prinzipien dieser Kampagne für alle lesbar auf den Punkt bringen sollte. Und vor allem ein Slogan dieses Wahlkampfs ist im kollektiven Gedächtnis der westlichen Welt hängen geblieben: „The economy, stupid".

Erst eine mündliche Nachbesserung durch den Urheber, wie man sie im Dokumentarfilm *The War Room* (vgl. Pennebaker/Hegedus 1993: 1:21) hören und sehen kann, sorgt dafür, dass der Wahlkampf-Check von James Carville heute meist als „It's the economy, stupid!" zitiert wird. Doch diese vermeintlich rein stilistische Erweiterung ist von Bedeutung. Denn der klassische Slogan von 1992 „The economy, stupid" stellt die Ökonomie als das heraus, was immer, in jeder Hinsicht, zu berücksichtigen sei. Ökonomie ist das, was zählt. „It's the economy" jedoch verkürzt den allgemeinen Anspruch auf ein Bestimmtes, auf das, was „it" sein kann, das zentrale Thema der Wähler, die maßgebliche Grenze politisch motivierter Wahlversprechen oder die grundlegenden Bedingung eines us-amerikanischen Wahlkampfs überhaupt – das jeweils größte Fundraising aller Zeiten zu sein, als dessen dann vielleicht auch schon nebensächliches Ergebnis auch noch der neue Präsident der Vereinigten Staaten von Amerika gewählt wird.

Das dem Thema meines Beitrags verschämt angehängte Fragezeichen soll zumindest prinzipiell interpretatorische Offenheit suggerieren: Es könnten mehrere Paradigmen sein oder nur eines, es könnten auch noch andere Paradigmen sein als nur ein oder mehrere ökonomische, die sich im Social Web finden – oder aber, als stärkste Form interpretatorischer Kombinatorik, es sind gar keine ökonomischen Paradigmen im Social Web vorhanden, weder eines noch mehrere. Zumindest den letzteren Blütentraum früher Internet-Aktivisten möchte ich gleich enttäuschen. Was immer am Ende unseres gemeinsamen Gangs durch dieses Thema heraus kommt – die Ökonomie, wenn auch vielleicht in vielerlei Gestalt, wird sich nicht vermeiden lassen.

Im Folgenden möchte ich zunächst – „The Economy, Stupid" – ein Verständnis des Ökonomischen vorschlagen, das uns von der Festlegung auf einen rein materialistischen und meist mit Geld gleichgesetzten Begriff befreit. Dann – „It's a Social Web, Stupid!" – werde ich kurz umreißen, was ich als Social Web bezeichne und damit das bestimmen, worüber ich überhaupt spreche. Dann werde ich – „It's Capitalism, Stupid!" – den der Frage nach einem oder mehreren Paradigmen zugrunde liegenden Gedanken, nämlich den der Bewirtschaftung, nochmals aufgreifen und in diesem Zusammenhang dann eine Position zumindest benennen, die eine solche Ökonomie zu denken erlaubt, und eine Theorie referieren, die es erlaubt, diese Ökonomie in anderen als nur finanziellen Einheiten zu denken. Abschließend und quasi als Fazit sollen dann – „It's a Paradigm, Buddy!" – im Sinne einer Perspektivierung des Social Web aus ökonomischer (und ethischer) Sicht die m. E. maßgebliche medienethische Herausforderung und das m. E. maßgebliche medienethische Ideal benannt werden.

1 „THE ECONOMY, STUPID"

Lassen Sie mich zunächst klären, was ich unter dem „ökonomischen Paradigma" verstehe und dann aufzeigen, warum dieser Ausdruck im Titel meines Beitrags zu Recht im Plural steht.

Verschiedene Autoren verwenden den Ausdruck „ökonomisches Pradigma" in einem eher populären Sinne. Damit ist „irgendwie" die mentale Grundverfassung des Kapitalismus gemeint. Geht man diesem Verständnis in der Wirtschaftswissenschaft nach, dann wird man zum Beispiel bei Bob Coats (1993 [1969]: 32) fündig, der deutlich macht, dass in der Geschichte der Ökonomie als Wissenschaft in einem sehr allgemeinen Sinne vom „ökonomischen Pradigma" gesprochen wird und auch heterogene Schulen und Strömungen der Ökonomie das „ökonomische Paradigma" als einheitliche „basic theory" synonym für eine Theorie ökonomischen Gleichgewichts über den Marktmechanismus verwenden.

In anderen Zusammenhängen, die auch auf das Marktgeschehen abheben, gilt das ökonomische Paradigma – trotz verschiedener kritischer Stimmen (vgl. Priddat 1998; Zafirovski 2000a; 2000b) – als Prinzip der Rational Choice Theory, also einer Theorie, die das Verhalten von Individuen am Markt als aufwandsoptimierende, rationale Strategie zum Zwecke eines maximalen Ertrags definiert. Das dahinter stehende Menschenbild ist ein idealtypisches Konstrukt, der „homo oeconomicus", eine zweckrationale Entscheidungsmaschine (vgl. Kirchgässner 2000), die ohne zweckfremde Motive (also mono-motivational) und unter Bedingungen der vollkommenen Information (also allwissend) am Markt agiert. Jedem Theoretiker sollte diese Verkürzung bewusst sein (vgl. Hirsch/Michaels/Friedman 1987; Rath 2003b).

Das „ökonomisches Pradigma" wäre demnach ein Erklärungsmodell für die Vorgehensweisen von Menschen auf Märkten zum Zwecke eines größtmöglichen Gewinns. Und dieser Gewinn schließlich versteht sich quasi selbstverständlich als ein finanzieller, d. h. jeder Marktteilnehmer optimiert seinen Finanzeinsatz, ob nun als Käufer im Verhältnis Preis zu erworbener Leistung oder als Verkäufer im Verhältnis Gestehungskosten des verkauften Produkts oder der verkauften Dienstleistung und erzielter Preis. Diese Festlegung auf das Geld ist somit eine Abgleichungskonstante, die es dem Einzelnen erlaubt, die Effizienz seiner Markttätigkeiten bzw. seiner Alternativen zu verobjektivieren und damit entscheidbar zu machen.

Würde man diesen Aspekt nicht weiter differenzieren, also nur nach *dem* ökonomischen Paradigma im Social Web fragen, dann wären wir schnell bei einer im engeren Sinne ökonomischen Fragestellung, die mit der Erzielung indirekter Erlöse für den Netzwerkbetreiber zu tun hat, die im Bereich der Social Web-Angebote meist über Werbung generiert werden – entweder in kommerzieller oder in kostendeckender Absicht. Dieser Aspekt ist offensichtlich und bedarf keiner vertieften Diskussion. Hier greifen generelle medienethische und werbeethische Reflexionen, wie z. B. die Frage nach der angemessenen Berücksichtigung von Stakeholder-Interessen bzw. die Fragen nach der Transparenz der Informationsverwendung durch die Netzwerkbetreiber. Die Tatsache dass in diesem Beitrag der Ausdruck „ökonomisches Pradigma" im Plural verwendet wird, deutet schon an, dass im Folgenden von einer bestimmten Variabilität ausgegangen wird, die der bisher beschriebenen „Ökonomie" als *materielle* Ertragsoptimierung fehlt.

Damit wäre nicht der *finanziell* optimale Ertrag, sondern der effiziente Ertrag *überhaupt* das Ökonomische, und wie Pierre Bourdieu (1983) in der Nachfolge von Karl Marx zurecht feststellt, ist für Menschen, die unter marktlichen Bedingungen agieren, nicht das Geld konstitutiv, sondern der zentrale Begriff lautet „Tausch". Und damit taucht zugleich der berechtigte Zweifel auf, ob der Gedanke einer allein finanziellen Tauschbasis für die Erklärung menschlichen Handelns trägt. Ob also, mit anderen Worten gesprochen, die *finanzielle* Quantifizierbarkeit als gemeinsame Einheit an sich disparater Güter für alle möglichen Formen der Bewirtschaftung von Gütern angesehen werden kann. Es ist zumindest für mich als Ethiker sinnvoll, den Hinweis von Aristoteles aus dem ersten Buch der *Nikomachischen Ethik* (1094a) ernst zu nehmen, nach dem alle Menschen „ein Gut" anstreben, dass dieses Gut allerdings für alle Menschen, je nach Lebensform, sehr unterschiedlich sein kann. Insofern ist zu fragen, ob für die Reflexion darauf, welche Tauschprozesse Menschen eingehen, die Vielfalt von Gütern nicht auch einen *Plural an Einheiten* notwendig macht, um diese Entscheidungen von Menschen nachvollziehbar zu machen.

Ich halte also im Folgenden an dem „Ökonomischen" des „ökonomischen Paradigmas" fest, nach dem Menschen ihre Beziehungen, sofern sie marktlich und das heißt nach dem Modell des Tausches organisiert sind, ertragseffizient gestalten. Aber ich folge Pierre Bourdieu in dem Grundgedanken, dass nicht nur ökonomisches im Sinne von materiell objektivierbares Kapital dabei erwirtschaftet wird, sondern noch andere Kapitalien bedacht werden müssen. Und wir werden daher zu fragen haben, welches Gut es dann eigentlich ist, dass wir im Social Web bewirtschaften.

Damit kommen wir zur zweiten Klärung, nämlich der Frage, was Social Webs sind, oder besser: Welche Folgen für ein Web-Phänomen daraus resultieren, dass dieses Web-Phänomen ein soziales ist.

2 „IT'S A SOCIAL WEB, STUPID!"

Was zeichnet also ein Social Web aus? Zunächst können wir sagen, dass dieses „soziale Netz" ein Ergebnis der Entwicklungen zum Web 2.0 sind. Erst unter den Bedingungen weitgehender technischer Interaktivität war es sinnvoll, so etwas wie digitale Sozialität zu organisieren.

Ebersbach, Glaser und Heigl (2008: 31-32) haben in ihrem Band *Social Web* einen Definitionsversuch vorgelegt, der die wichtigsten Aspekte des Social Web abdeckt. Darauf aufbauend schlage ich vor, folgende Punkte für ein Social Web in Anschlag zu bringen:

- Es geht um *Kommunikation* zwischen Individuen und Gruppen,
- *Integration* der Teilnehmer in das Netzwerk,
- *Transparenz* der Kommunikationsströme,
- *Selbstorganisation*, zumindest in der inhaltlichen Ausgestaltung der Kommunikation auf der technischen Plattform,
- „soziale *Rückkopplung*" (ebd.: 31; Herv. n. i. O.), also eine Bewertung der Beiträge durch andere Teilnehmer, sowie um
- Vernetzung oder „*Struktur*", wie Ebersbach, Glaser und Heigl (ebd.) es nennen, also die Stärke des Netzes ist eben diese eigentümliche Verbindung aller mit allen.

Damit wird deutlich, warum diese Form der medial-digitalen Interaktion *Social Web* genannt wird. Ihr Zweck ist die Ermöglichung von Interaktion um der Interaktion willen.

Dies macht übrigens auch deutlich, dass *Social Communities* eben keine „Gemeinschaften" im Sinne der idealtypischen Unterscheidung von Ferdinand Tönnies sind, sondern eigentlich „Gesellschaften", also soziale Verbände, deren Zweck die Verwirklichung individueller Interessen ist (vgl. ausführlich Rath 2012). Zwar gerieren sich *Social Communities* als Gemeinschaften, am deutlichsten wird dies an der berühmten „Freundschaftsanfrage" bei *Facebook*, aber sie dienen zunächst dem individuellen Interaktionsinteresse und sind daher eher *social associations* als *communities*.

3 „IT'S CAPITALISM, STUPID!"

Damit kommen wir zum dritten Punkt. Diese Partizipation der einzelnen Teilnehmer, z. B. der individuellen *Facebook*-Nutzer, funktioniert nach dem Prinzip der Effizienz. Meine Bereitschaft, mich in einem Netzwerk zu engagieren, hängt motivational davon ab, inwieweit ich meine ins Netz eingespeiste Information in reale Interaktion transformieren kann. Ich schlage hier vor, diesen Prozess der Transformierung ebenfalls als *Tausch* zu interpretieren. Allerdings wird noch zu klären sein, ob dabei wirklich Information gegen Interaktion getauscht wird. Doch dazu später. Zweifelsohne haben wir es hier nicht nur mit einem simplen Zirkulationsprozess zu tun, wie ihn Karl Marx (1968 [1867]: 163) für die Unterscheidung zwischen Warenzirkulation und Kapitalzirkulation formuliert hat:

> Was jedoch die beiden Kreisläufe W – G – W [Ware – Geld – Ware; M. R.] und G – W – G [Geld – Ware – Geld; M. R.] von vornherein scheidet, ist die umgekehrte Reihenfolge derselben entgegengesetzten Zirkulationsphasen. Die einfache Warenzirkulation beginnt mit dem Verkauf und endet mit dem Kauf, die Zirkulation des Geldes als Kapital beginnt mit dem Kauf und endet mit dem Verkauf. Dort bildet die Ware, hier das Geld den Ausgangspunkt und Schlusspunkt der Bewegung. In der ersten Form vermittelt das Geld, in der andren umgekehrt die Ware den Gesamtverlauf.

Der französische Soziologe Pierre Bourdieu greift diesen Aspekt auf. Marx definiert, ebenfalls im 1. Band des *Kapital*, den Tauschwert als „eine bestimmte gesellschaftliche Manier [...], die auf ein Ding verwandte Arbeit auszudrücken" (ebd.: 97). Bourdieu erweitert diesen im Tauschprozess transformierten Begriff des Kapitals als zirkulierendes Geld und wendet ihn auf die soziale Praxis des Menschen generell an. Dabei geht Bourdieu davon aus, dass die gesamte Handlungspraxis von Menschen die Resultate mehrerer Faktoren darstellt, die nach dem Modell von Investition und Rendite funktionieren. Für diese Faktoren übernimmt Bourdieu den Kapitalbegriff. Für die Breite und soziale Relevanz dieser Handlungspraxis ist nach Bourdieu nicht nur das Individuum als Akteur maßgebend, sondern auch sein Kapitalvolumen (vgl. Bourdieu 1992). Hierzu zählt vorrangig, wie schon bei Marx, das ökonomische Kapital. Neben diesem klassischen *Ökonomischen Kapital* (Geld oder Geldwert) unterscheidet Bourdieu aber noch andere Kapitalien (vgl. Abb. 1):

- Zunächst das *Soziale Kapital*, also die Vernetzung und die sozialen Beziehungen, über die ein Handelnder verfügt, dann
- das *Kulturelle Kapital*, das die Kompetenzen meint, über die ein Handelnder verfügt und die er objektiv institutionalisiert hat, sowie
- als Summe dieser Kapitalien das *Symbolische Kapital*, das den Ruf, den Status bzw. die soziale Stellung bezeichnet, die ein Individuum in der Gesellschaft einnimmt.

Das *Kulturelle Kapital* ist in medialen wie übrigens auch in Bildungszusammenhängen von besonderer Bedeutung. Bourdieu unterscheidet drei Arten dieses Kapitals:

- *Inkorporiertes Kulturelles Kapital*, das sind Denk- und Handlungsschemata, Haltungen/Einstellungen und Kompetenzen,
- *Objektiviertes Kulturelles Kapital*, das sind Materialisierungen des Inkorporierten Kulturellen Kapitals, z. B. Bücher, Medien, Kulturgüter im weitesten Sinne, die auch ökonomisch bewirtschaftet werden können, und
- *Institutionalisiertes Kulturelles Kapital*, das sind Titel, Bildungsabschlüsse, Zertifikate, die eine objektive Auskunft über Inkorporiertes Kulturelles Kapital geben.

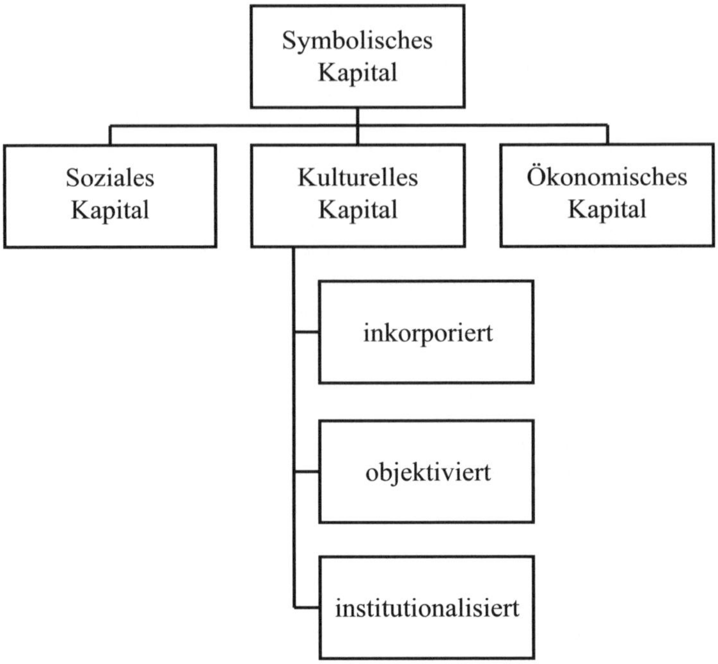

Abb.1: Kapitalien-Struktur nach Pierre Bourdieu (1983)

Wie schon bei Marx ist auch bei Bourdieu Kapital das Ergebnis von Arbeit. Und Bourdieu nimmt an, dass sich die Handlungspraxis je nach gesellschaftlichem Milieu unterscheidet und sich durch ihre jeweilige soziale, in unserem Fall mediale Praxis voneinander abgrenzt. Was heißt das für die Interaktion in *Social Communities*?

Wenn es stimmt, dass die Beziehungen im *Social Web* nicht wie eine Gemeinschaft bei Tönnies organisiert sind, also zur höheren Ehre eines gemeinsamen Zwecks, sondern jeder Web-User seine individuellen Interessen im Netz verfolgt – was übrigens ganz unmarxistisch dem *Uses-and-Gratifications*-Ansatz der Mediennutzungsforschung entspricht –, dann können wir versuchen, diese Interessenverfolgung als *Tausch* zu verstehen. In diesem Sinne müssen wir folgende Fragen behandeln:

1. Welches Gut wird in Social Web-Angeboten bewirtschaftet?
2. Welche „Abgleichungskonstante“ können wir benennen, die als adäquate Einheit die Effizienz unseres Arbeitsansatzes im Tauschprozess objektiviert?
3. Und schließlich, welche Kapitalie macht den Ertrag unserer Investitionen aus? Oder anders formuliert: In welche Kapitalien können wir unser bewirtschaftetes Gut transformieren, das wir im Netz erwirtschaften?

Gehen wir die Fragen (notgedrungen knapp) an: Zu 1. Welches Gut wird in Social Web-Angeboten bewirtschaftet?

Als Nutzer eines Social Web-Angebots leiste ich eine gewisse Arbeit, indem ich Informationen, Links, Anfragen, Kontakte, Anerkennung (die beliebten *Likes* oder *Following*), kurz: Interaktionsangebote unterschiedlichster Form auf dem Markt der jeweiligen Plattform anbiete. Das dabei bewirtschaftete Gut ist keine Ware oder Dienstleistung, sondern eine für die medial verfasste Gesellschaft essentielle Form der medialen Präsenz – nämlich „Aufmerksamkeit".

Georg Franck hat 1998 in seinem Buch *Ökonomie der Aufmerksamkeit* die Bedeutung der Aufmerksamkeit und den medialen Zusammenhang erstmals beschrieben. Wir sollten dabei noch beachten, dass Aufmerksamkeit mehr ist als Öffentlichkeit. Unter massenmedialen Bedingungen kann es genug sein – je nach Reichweite –, etwas öffentlich zu machen. So stellte sich schon Habermas (1990 [1962]) die vordigitale Massenmedienkommunikation in bürgerlichen Gesellschaften vor. Die Öffentlichkeit ist als Spiegel und Forum der gesellschaftlich relevanten Themen bereits Garant der Rezeption. Heute jedoch, im digitalen Web 2.0, haben sich die Verhältnisse geändert.

Die Angebote sind unter den Bedingungen des Internets nicht nur unübersichtlich geworden (vgl. Rath 2003a), sondern im Web 2.0 kann jeder Nutzer auch Anbieter werden. Das Angebot im Medium wird daher zu einer Holschuld – mit allen Folgen, die das für ein professionelles Medienangebot hat (vgl. Rath 2010). Damit wird Aufmerksamkeit zur Aufgabe, die das Einzelne im Meer der Angebote erkennbar und auffindbar macht. Allerdings bin ich, anders als Franck (2003: 4), nicht der Meinung, das Aufmerksamkeit als „Währung" zu verstehen sei, in der auf dem medialen Markt der Interaktionen Informationen im weitesten Sinne gehandelt werden. Vielmehr ist die Aufmerksamkeit selbst das Gut, um das es auf diesen Märkten geht, es ist die Ware, die gehandelt wird. Das dabei eingesetzte Kapital ist das von Bourdieu genannte „soziale Kapital" – meine individuelle Vernetzung ist der Wert, den ich gegen Aufmerksamkeit (z. B. *Following*) investiere oder den ich für meine Aufmerksamkeit erhalte (z. B. *Likes* auf *Facebook*, Freundschaftsanfragen, also Erweiterungen meines individuellen Netzwerks).

Damit kommen wir zu Frage 2: Welche „Abgleichungskonstante" können wir benennen, die als adäquate Einheit die Effizienz unseres Arbeitsansatzes im Tauschprozess objektiviert?

Nun hat Franck natürlich zu Recht den Gedanken ins Spiel gebracht, dass diese Tauschprozesse einer bestimmten Währung bedürfen. Welche könnte dies sein? Auch hier kann ein Blick auf die Fortdenkung der Marxschen Kapitaltheorie durch Bourdieu hilfreich sein. Bourdieu (1983: 183) betont – zu Recht und nachvollziehbar – die dem Marxschen Arbeitsbegriff zugrunde liegende Kategorie der „Zeit": „[...] die Akkumulation von Kapital, ob nun in objektivierter oder verinnerlichter Form, braucht Zeit". Und in Bezug auf das kulturelle Kapital führt er weiter aus:

> Die Akkumulation von Kultur in inkorporiertem Zustand – also in der Form, die man auf französisch ‚culture', auf deutsch ‚Bildung', auf englisch ‚cultivation' nennt – setzt einen *Verinnerlichungsprozeß* voraus, der in dem Maße wie er Unterrichts- und Lernzeit erfordert, Zeit kostet. Die Zeit muß vom Investor persönlich investiert werden: Genau wie wenn man sich eine sichtbare Muskulatur oder eine gebräunte Haut zulegt, so läßt sich auch die Inkorporation von Bildungskapital nicht durch eine fremde Person vollziehen. Das *Delegationsprinzip* ist hier ausgeschlossen. (Ebd.: 186)

Eben dieser Aspekt, die Nicht-Delegierbarkeit unserer Aufmerksamkeit, macht die Zeit zu einer verallgemeinerbaren Währung unseres Aufwands – und zwar für alle Kapitalinvestitionen, nicht nur das kulturelle Kapital. Zwar kann man für die verschiedenen Kapitalien, die Bourdieu benennt, keine feste „Menge“ allgemein definieren, denn die Beurteilung, ob ein Zeitaufwand für eine bestimmte Investition von Aufmerksamkeit adäquat ist, bleibt immer dem Einzelnen überlassen. Doch das ist in der klassischen Ökonomie auch nicht anders. Die Einheit, z. B. Euro, macht unsere Waren gegeneinander verrechenbar, aber es gibt keinen objektiven Preis je Ware, sondern nur die Investitionsbereitschaft der jeweiligen Marktteilnehmer – das ist die Quintessenz des Marktgeschehens überhaupt, die Bereitschaft zur Investition des Käufers.

Wenden wir diesen Gedanken auf das Social Web an: Zum Beispiel habe ich eine Kontaktanfrage auf *Facebook* positiv beschieden bekommen. Nun stelle ich aber fest, dass die von diesem Kontakt auf meiner Startseite „geposteten“, „geliketen“ und geteilten Inhalte nicht meinen Erwartungen entsprechen. Das heißt: Meine Aufmerksamkeit, die ich dieser Person oder Gruppe durch den Kontakt widme, ist die „Zeit nicht wert“. In diesem Fall werde ich zumindest meine subjektive Aufmerksamkeit reduzieren (den Kontakt z. B. „verbergen“). Aber ich kann auch den Kontakt von meiner „Freundschaftsliste“ entfernen – und damit das von mir erbrachte soziale Kapital für diesen Kontakt wieder „zurückholen“. Indem ich nämlich als „Freund“ oder „Follower“ „verschwinde“, reduziere ich zumindest quantitativ das soziale Kapital meines ehemaligen Kontaktpartners – die Anzahl der Kontakte wird um einen geringer. Die Bewirtschaftung meiner Aufmerksamkeit durch den Kontakt war damit ökonomisch erfolglos.

Wir haben jetzt das bewirtschaftete Gut im Social Web benannt, die *Aufmerksamkeit*, und eine Währung vorgeschlagen, in der wir diese Bewirtschaftung messen können, die *Zeit*. Bleibt noch die dritte Frage: Welches Kapital macht den Ertrag unserer Investitionen aus? Oder anders formuliert: In welche Kapitalien können wir unser bewirtschaftetes Gut transformieren, das wir im Netz erwirtschaften?

Zunächst ist es natürlich *soziales* Kapital, das wir durch die Bewirtschaftung unserer Aufmerksamkeit investieren. Doch es sind auch andere Kapitalien zu nennen. So können soziale Netzwerke auch *kulturelles* Kapital erwirtschaften, z. B. in Communities, die sich auf bestimmte Beratungsangebote oder den Austausch spezifischer Kenntnissen spezialisiert haben. Ich nenne nur www.gutefrage.net oder www.wer-weiss-was.de, also Ratgeber-Netzwerke. Hier kann ich Wissen inkorporieren. Über Mitgliederlisten ließe sich dieses kulturelle Kapital auch noch *institutionalisieren*, z. B. durch Auszeichnungen wie die so genannte *Fragant*-Anerkennung, die bei www.gutefrage.net jeweils neben dem User-Namen eines Antwortenden seinen Status innerhalb der Community definiert – was auch noch als *symbolisches* Kapital gesehen werden kann. Und natürlich kann auch mittelbar und unmittelbar *ökonomisches* Kapital erwirtschaftet werden, v. a. bei Job- oder Fachkontakt-Communities wie z. B. Xing.

4 „IT'S A PARADIGM, BUDDY!"

Kommen wir zu einem knappen Fazit und einem Ausblick. Bisher habe ich versucht, den Grundgedanken der Ökonomisierung von Aufmerksamkeit in Social Web-Angeboten zu umreißen und als eine mögliche Basistheorie des Verständnisses des Social Web mit einem erweiterten Ökonomiebegriff vorzustellen. Social Networks oder Social Media habe ich dabei als Plattformen beschrieben, die der Befriedigung individueller *Interaktionsbedürfnisse* dienen. Sie tun dies durch die Bewirtschaftung von *Aufmerksamkeit.* Da sich Aufmerksamkeit nicht delegieren lässt, ist die Einheit, mit der wir die Adäquatheit unserer Investition (entweder von Aufmerksamkeit oder von sozialem Kapital im Netzwerk) messen, die *Zeit*, die wir im Netz verbringen.

Als Ertrag können dabei unterschiedliche Kapitalien generiert werden, Sozialkapital (also die Präsenz in einem Netzwerk überhaupt), kulturelles Kapital (z. B. Informationen gemäß meiner Interessen), symbolisches Kapital (also einen bestimmten sozialen Status, nicht nur innerhalb des Netzes, sondern auch außerhalb, z. B. als Experte) und schließlich auch klassisch ökonomisches Kapital. Diese klassische Ökonomie reicht von der kommerziellen Bewirtschaftung soziodemographischer Informationen im Rahmen medialer Werbung durch den Community-Betreiber bis hin zu Vertragsabschlüssen über den Kontakt im Social Web, z. B. in Berufs-Netzwerken.

„But it's (only) a paradigm, buddy!" – wir nutzen Social Web-Angebote meist überhaupt nicht im Bewusstsein von Investition und Ertrag, sondern als Teil einer mehr oder weniger festen, aber zumindest positiv bewerteten digitalen Gemeinschaft, als deren *Buddy* oder Freund, zumindest aber als deren Mitglied wir uns verstehen. Darin liegen der Reiz und die ökonomische Chance sozialer Netzwerke. Diese Undeutlichkeit und z. T. auch bewusst erzeugte Intransparenz von Online Communities erklärt dann aber auch die oft irritierende Unbefangenheit, mit der Menschen sich in diesen Netzen bewegen, wie offen sie *posten*, was sie im Face-to-Face-Gespräch nie mitteilen und auf einer öffentlichen Plakatwand nie publik machen würden.

Hier sehe ich die eigentliche medienethische Herausforderung der sozialen Netze:

1. Im Social Web gelten natürlich ökonomische Paradigmen, es bedarf nicht des Fragezeichens im Titel meines Beitrags. Aber die Social Web-Angebote bieten auch neue, nicht strategische, nicht ertragsintendierte Formen der medialen Interaktion. Selbst wenn wir sie aus der Perspektive eines solchen ökonomischen Paradigmas, eines solchen Erklärens- und Verstehensmodells, reflektieren können. Ich kontaktiere meine Buddies im Netz wohl wissend, dass auch dies sich in den Bahnen einer gewissen Ökonomie medialer Aufmerksamkeit bewegt.

Doch machen wir uns nichts vor, faktisch wird auch in Zukunft für die Organisation der Transparenz medialer Interessen immer noch das Marxsche Prinzip einer *antagonistischen Gesellschaft* maßgebend bleiben. Auch das vermeintlich offene Web 2.0 wird marktlich betrieben und ökonomisch im klassischen Sinne bewirtschaftet.

Dies ist nicht neu, Medien waren immer auch Wirtschaftsgut, aber wir dürfen es über die schillernde Vielfalt des Netzes nicht vergessen. Daher gilt auch:

2. Ziel unserer Kommunikation im Netz ist eben immer auch die von Jürgen Habermas als kontrafaktisches Ideal formulierte ebenbürtige, allgemeine und unabgeschlossene Öffentlichkeit. Sie ist die ethische Zielgröße, die ökonomischen Abwägungen (finanzielle ebenso wie in Bezug auf andere Gratifikationen unseres medialen Handelns) die normative Grenze steckt.

BIBLIOGRAFIE

Bourdieu, Pierre (1982): Die feinen Unterschiede. Kritik der gesellschaftlichen Urteilskraft. Frankfurt am Main: Suhrkamp.

Bourdieu, Pierre (1983): Ökonomisches Kapital, kulturelles Kapital, soziales Kapital. In: Kreckel, Reinhard (Hrsg.): Soziale Ungleichheiten (Soziale Welt, Sonderband 2). Göttingen: Schwartz, S. 183–198.

Bourdieu, Pierre (1992): Rede und Antwort. Frankfurt am Main: Suhrkamp.

Coats, Alfred William (1993 [1969]): Is there a „Structure of Scientific Revolutions" in Economics? In: Ders.: The Sociology and Professionalization of Economics: British and American Economic Essays. Routledge: London, S. 31–33.

Ebersbach, Anja/Glaser, Markus/Heigl, Richard (2008): Social Web. Konstanz: UVK.

Franck, Georg (2003): Mentaler Kapitalismus. Online: http://www.iemar.tuwien.ac.at/publications/franck_2003a.pdf (Abfrage: 06.06.2013).

Habermas, Jürgen (1990 [1962]): Strukturwandel der Öffentlichkeit. Untersuchungen zu einer Kategorie der bürgerlichen Gesellschaft. Mit einem Nachwort zur Neuauflage 1990. Frankfurt am Main: Suhrkamp.

Hirsch, Paul/Michaels, Stuart/Friedman, Ray (1987): „Dirty hands" versus „clean models". In: Theory and Society 16, Nr. 3, S. 317–336.

Kirchgässner, Gebhard (2000): Homo oeconomicus. Das ökonomische Modell individuellen Verhaltens und seine Anwendung in den Wirtschafts- und Sozialwissenschaften. 2. Aufl. Tübingen: Mohr Siebeck.

Marx, Karl (1968 [1867]): Das Kapital. Bd. I (Karl Marx – Friedrich Engels – Werke. Band 23). Berlin/DDR: Dietz Verlag.

Pennebaker, Donn Alan/Hegedus, Chris (1993): The War Room Trailer. Online: http://www.youtube.com/watch?v=pgo-qwfCFYU (Abfrage: 05.07.2013).

Priddat, Birger P. (1998): Moral Based Rational Man. Über die implizite Moral des homo oeconomicus. In: Breiskorn, Norbert/Wallacher, Johannes (Hrsg.): Homo oeconomicus: Der Mensch der Zukunft? Stuttgart/Berlin/Köln: Kohlhammer.

Rath, Matthias (2003a): Das Internet – die Mutter aller Medien. In: Huizing, Klaas/Rupp, Horst F. (Hrsg.): Medientheorie und Medientheologie. Münster: Lit, S. 59–69.

Rath, Matthias (2003b): Homo Medialis und seine Brüder – zu den Grenzen eines (medien-)anthropologischen Wesensbegriffs. In: Pirner, Manfred L./Rath, Matthias (Hrsg.): Homo medialis. Perspektiven und Probleme einer Anthropologie der Medien. München: Kopaed.

Rath, Matthias (2010): Vom Flaschenhals zum Aufmerksamkeitsmanagement. Überlegungen zum Online-Journalismus und einer Ethik der öffentlichen Kommunikation 2.0. In: Zeitschrift für Kommunikationsökologie und Medienethik 12, Nr. 1, S. 17–24.

Rath, Matthias (2012): Wider den Naturzustand – kann es ein „informationelles Selbstbestimmungsrecht" des Staates geben? In: Filipovic, Alexander/Jäckel, Michael/Schicha, Christian (Hrsg.): Medien- und Zivilgesellschaft. München: Juventa, S. 260–272.

Voytek, Kip (2009): The War Room Mantra. Online: http://www.kipbot.com/blog/2009/11/08/the-war-room-mantra/ (Abfrage: 05.07.2013).

Zafirovski, Milan (2000a): Extending the Rational Choice Model from the Economy to Society. In: Economy and Society 29, Nr. 2, S. 181–206.
Zafirovski, Milan (2000b): The Rational Choice Generalization of Neoclassical Economics Reconsidered: Any Theoretical Legitimation for Economic Imperialism? In: Sociological Theory 18, Nr. 3, S. 448–471.

ÖKONOMISIERUNG, MACHT UND MEDIENMORAL – ZUR ENTAUTORISIERUNG VON POLITIK UND MEDIEN

Peter Voß

Meine Damen und Herren, als Untertitel für meinen Beitrag könnte ich auch fragen, ob sich Politik unter den Bedingungen der Ökonomisierung noch medial hinreichend vermitteln lässt. Dazu scheinen mir ein paar grundsätzliche Vorbemerkungen geboten. Zum Begriff der Ökonomisierung haben wir hier ja schon einiges gehört, ich muss uns also nicht allzu lange mit definitorischen Vorübungen aufhalten, sondern kann mich auf ein paar Anmerkungen dazu beschränken. In der Praxis läuft Ökonomisierung ja darauf hinaus, traditionell öffentliche Güter und Leistungen dem Markt und der ihm zugeschriebenen selbstregulierenden Kraft zu überlassen. Die Privatisierung öffentlicher Unternehmen, von Verkehrsbetrieben etwa oder Wasserwerken, ist ein klassisches Beispiel. Die Frage, ob die Knappheit von Organen bzw. Spendern für die Transplantationsmedizin nicht dadurch zu beheben wäre, dass man den Organhandel erlaubt und dem freien Markt überlässt (analog zur Debatte über die Legalisierung von Doping oder Drogen), ist eine aktuellere und brisantere. Heute haben wir die schärfer und damit schon im Ansatz kritischer gefasste Auffassung kennengelernt, die die Ökonomisierung als die Eliminierung aller nicht-ökonomischen Gesichtspunkte aus allen Feldern organisierter gesellschaftlicher Aktivität beschreibt. In der Tat scheint mir, dass die den öffentlichen Diskurs bis zum Ausbruch der Finanzkrise prägende Ideologie des sogenannten Neoliberalismus mit dieser Definition gut erfasst ist.

Hinter einer so verstandenen Ökonomisierung steht der unbedingte Glaube an den Markt und dessen Regulierunskompetenz oder, wo diese gestört sein sollte, doch Selbstheilungskraft. Als Ahnherr dieses Glaubens in Gestalt einer ökonomisch-philosophischen Theorie gilt gemeinhin Adam Smith (1723-1790), der in seiner „Inquiry into the Nature and Causes of the Wealth of Nations“ den berühmten Satz von der „Unsichtbaren Hand“ formulierte, der Hand des Freien Marktes eben, die bekanntlich dafür sorgt, dass der Egoismus des Einzelnen sich am Ende zum Wohl aller auswirkt. Wenn jeder an sich denkt, ist für alle gesorgt, wie es ein kalauerndes Bonmot besagt. Bei der Kritik am Begründer des neuzeitlichen Marktradikalismus, um nicht zu sagen Fundamentalismus, wird freilich gern übersehen, dass Adam Smith zunächst einmal Moralphilosoph war. In seiner „Theory of Moral Sentiments“ erklärt er die Sympathie zum wesentlichen Motiv menschlichen Handelns, und er setzt implizit stets voraus, dass der einzelne Marktteilnehmer an moralische Mindeststandards gebunden ist, sich also bei allem prinzipiellen Egoismus als Person anständig verhält und z. B. nicht betrügt. Das Verhalten namentlich angelsächsischer Investmentbanker als Auslöser der Finanzkrise dürfte schwerlich seine Billigung gefunden haben.

Lassen Sie mich in diesem Kontext an einen anderen Autor erinnern, der im 20. Jahrhundert den Abschied vom Primat des ökonomistischen Denkens, wie es sich bei Smith ebenso wie später dessen ideologischem Antipoden Karl Marx (1818-1883) niederschlug, verkündet hat. Es war ausgerechnet ein Ökonom, der als Jude aus Wien in die USA emigrierte, Peter F. Drucker (1909-2005), der große Theoretiker des modernen Managements, der 1939 mit seiner genialen Studie „The End of Economic Man. The Origins of Totalitarianism" dieser Dominanz des ökonomischen Denkens die Grabrede hielt, indem er – wenn ich es hier kurz mit meinen Worten skizzieren darf – die psychologische und politische Schwäche der ökonomistischen Einseitigkeit im linken wie im liberalen Lager für die Faszinationskraft des europäischen Faschismus verantwortlich machte, der den desorientierten Massen mit seiner Gemeinschaftsideologie sozusagen einen Dritten Weg anbot, der ihre existentiellen Ängste und Sehnsüchte, ihre Emotionen und Ressentiments besser bediente.

Wenn ich Studierenden dieses Buch empfehle, dann nicht nur um zu betonen, dass die Diskussion pro und contra Ökonomismus so neu nicht ist, sondern vor allem, weil die Fixierung auf ein rein ökonomistisches Denken, ob links oder rechts gepolt, in Krisensituationen wie der unseren ganz sicher zu kurz greift. Dies bitte ich mit zu bedenken, wenn ich im Hinblick auf das Thema Medien die Ambivalenz des Wettbewerbs besonders akzentuiere. Denn neben der wachsenden Komplexität aller Lebensverhältnisse ist es die Verschärfung des medialen wie auch des politischen Wettbewerbs, die nach meinem Dafürhalten dazu führt, dass die Medien heute ihrer sozusagen klassischen Aufgabe, durch sachgerechte Information einen Beitrag zur Urteilsfähigkeit und damit zur Mündigkeit der Bürger zu leisten, in immer geringerem Maße nachkommen. Und damit wird derselbe Wettbewerb, der unabdingbar die Voraussetzung medialer – und politischer – Freiheit ist, in seiner enthemmten und übersteigerten Ausprägung tendenziell zugleich auch zu einer Gefährdung dieser Freiheit.

Meine These in diesem Kontext lautet: Die mit der Globalisierung einhergehende zunehmende Ökonomisierung aller Sozialbereiche und damit auch des Mediensystems verändert die „Macht und Moral der Medien" und der Medienakteure dramatisch. So verschärft sich der mediale Wettbewerb schon durch den Siegeszug des global präsenten Internets, was zu einer Entautorisierung der klassischen Medien wie auch zur Erosion ihrer ökonomischen Existenzgrundlagen beiträgt. Damit steht auch das „demokratische Wächteramt" von Presse und Rundfunk zur Disposition, weil z. B. durch Personalabbau die Fähigkeit zur Recherche geschwächt wird – und dies in Zeiten, da die wachsende Komplexität von Strukturen und Entscheidungsprozessen intensive und umfassende Recherchearbeit notwendiger macht denn je. Stattdessen erzwingt der Wettbewerb die Flucht auf den Boulevard – durch Banalisierung, Emotionalisierung, Personalisierung, Inszenierung und im Ergebnis: Entpolitisierung. Wenn die westliche Welt darauf keine Antworten findet, wird die Demokratie westlichen Musters global ihre Attraktivität verlieren.

Aber der Reihe nach. Zunächst einmal scheint es mir unbestritten und unbestreitbar zu sein, dass die Vermittlung von Politik schwieriger geworden ist und schlechter gelingt, als dies noch vor, sagen wir, zwanzig Jahren der Fall war und als es der Fall sein müsste, um unsere Demokratie auf Dauer intakt zu halten. Der wichtigste Indikator dafür ist die sinkende Wahlbeteiligung. Gewiss, eine hohe Wahlbeteiligung ist kein Wert an sich, aber ihr Rückgang deutet auf zunehmendes Desinteresse, wenn nicht auf einen Vertrauensverlust im Wahlvolk hin. Ob man es Politikverdrossenheit nennen muss, steht dahin. Echter Überdruß etwa an den Parteien, wenn nicht gar Parteienfeindlichkeit, hätte ganz sicher viel mit der permanenten Bereitschaft in Politik und Medien zu tun, in ihrer Wechselwirkung periphere Vorgänge zu skandalisieren. Und hier spielt das konkurrenzbedingte Meuteverhalten eine Rolle – bei der Hatz auf das jeweils zu erlegende Großwild muss jeder die Nase vorn haben, darf sich keiner abhängen lassen – ein Beispiel dafür, dass Konkurrenz nicht zwingend zu mehr journalistischer Vielfalt und Qualität führt.

Erinnern Sie sich noch, worüber wir uns vor einem Jahr aufgeregt haben? Es war der Fall Wulff, der den damaligen Präsidenten schließlich das Amt kostete. Ich war kein besonderer Fan dieses Politikers, aber wie die Sache auch juristisch ausgehen mag – die ihm tatsächlich anzulastenden Verfehlungen erscheinen mir nur begrenzt empörungsträchtig. Weder hat er sich, nach heutigem Erkenntnisstand, auf unredliche Weise bereichert, noch hat er jemandem aus seinem Amt heraus erhebliche Vergünstigungen verschafft und dafür entsprechende Vergünstigungen angenommen, noch hat er mit seinem dummen Anruf bei einem Chefredakteur die Pressefreiheit bedroht oder gar gefährdet. Bleibt der Eindruck unzureichender persönlicher Aufrichtigkeit und miserablen Krisenmanagements. Und in diesem Zusammenhang das beliebte Vorbildargument. Ein Präsident, so las und hörte man's landauf, landab, muss Vorbild sein. Daran hängt seine Glaubwürdigkeit als moralischer Mahner, Warner und Wegweiser, als Repräsentant der Nation eben. Das ist nicht von der Hand zu weisen und doch nur eine Halbwahrheit. Denn zum Vorbild gehoren doch immer mindestens zwei – einer, der Vorbild ist, und wenigstens einer, der sich nach dem Vorbild richtet.

Wer ist dazu schon ernsthaft bereit? Kommt irgendwer auf die Idee, nur wegen der moralischen Beispielhaftigkeit eines obersten politischen Repräsentanten, sagen wir, sein etwas außerhalb der Steuerlegalität geführtes Konto in der Schweiz aufzulösen, von seiner Schwarzarbeit abzulassen oder für seine Putzfrau Sozialversicherungsbeiträge und Steuern zu zahlen? Wer sich in dieser und sonstiger Hinsicht untadelig verhält, ist selbst Vorbild, braucht aber schwerlich irgendwelche repräsentativen Staatsfrauen und -männer als Beispiel und Ansporn. Besteht nicht vielmehr die Normalität unserer sogenannten Anspruchsgesellschaft just darin, dass „die da oben" stellvertretend für uns die hochgespannten moralischen Ansprüche erfüllen sollen, denen wir selbst, wenn überhaupt, mehr schlecht als recht genügen?Alles nach dem Motto „Hoch die Messlatte, damit wir bequem drunter durchlaufen können" – um uns dann daran zu weiden, wie der Politiker die Latte reißt.

In solchen Fällen fehlt es nicht an wechselseitiger Schuldzuweisung zwischen Politik und Medien, während der dritte Faktor im Spiel, wir, das liebe Publikum außen vor bleibt – wir Käufer und Wähler nämlich, um deren Gunst die beiden anderen werben und die sie deshalb nicht verprellen dürfen. Natürlich sind „die“ Medien an diesem Zustand nicht unschuldig, so wenig wie „die“ Politik. Was uns hier daran interessieren muss, sind die strukturellen Gründe für diesen Sachverhalt. Sie lassen sich auf zwei Aspekte einengen, die sich zum einen eigendynamisch verschärfen, zum anderen aneinander aufheizen: Komplexität und Wettbewerb. Um mit letzterem auf dem weiten Feld der Politik zu beginnen: Täuscht mich der Eindruck, dass mit der Erosion der Volksparteien und der größeren Zahl der potenziell bundestagsfähigen Parteien – je nachdem, ob man die „Piraten“ noch mitzählt, sind es inzwischen deren sieben – der parteiliche Konkurrenzkampf im Rahmen des im föderalen System angesagten Dauerwahlkampfs rabiat verschärft hat? Was dazu führt, dass die wechselseitige Schmähungs- und Herabsetzungsbereitschaft ebenso wie die Fähigkeit zur Selbstglorifizierung, verbunden mit der Vortäuschung des Eindrucks, die Parteien wären tatsächlich imstande, für alle Probleme die passenden Lösungen anzubieten und im Falle ihrer Ermächtigung durch die Wähler auch durchzusetzen, von den so „umworbenen“ Wählern zunehmend nicht mehr ernst genommen wird.

Wobei hier nicht nur die Konkurrenz zwischen den offiziellen politischen Gegnern zu sehen ist. Im Wechselspiel mit den Medien spielt die innerparteiliche Rivalität der Pro- bzw. Antagonisten zumindest keine geringere Rolle. Was immer in den Medien an Verdächtigungen und Vorwürfen, einschließlich der daraus resultierenden Vorverurteilungen, über diese oder jene politische Figur erscheint, kommt mit großer Wahrscheinlichkeit aus den jeweils eigenen Reihen. Was natürlich für andere Organisationen, Wirtschaftsunternehmen etc. ebenso gilt. Diffamierung ist ein Karriere- bzw. Karriereverhinderungsinstrument. Das ist nicht neu, neu ist nur die Beschleunigung und Verstärkung der entsprechend induzierten Kampagnen durch das Internet – sofern sie nicht ohnehin dort ihren Ursprung haben. Die Wechselwirkung zwischen den meist anonymen Akteuren im Netz und den klassischen Medien der Presse und des Rundfunks ist kaum zu überschätzen.

Überhaupt: Ist das Internet an allem schuld? Die Frage drängt sich beim medialen Wettbewerb auf, der für die prekäre ökonomische Lage vor allem von Printmedien gern verantwortlich gemacht wird, um damit den Trend zur Boulevardisierung zu entschuldigen, der offenkundig ebenso zur Entautorisierung von Politik beiträgt wie die eben beschriebene mediale Selbstkannibalisierung der politischen Klasse. Als jüngste Beispiele für die Bedrängnis, in die Printmedien durch das Netz dadurch geraten, dass die Jüngeren, im und mit dem Netz herangewachsenen Mediennutzer zunehmend ohne Zeitung und Zeitungsabonnement auskommen, werden die Financial Times Deutschland (FTD) und die Frankfurter Rundschau (FR) genannt. Dabei kommt freilich die Frage zu kurz, ob beim Scheitern dieser Blätter nicht auch und primär unternehmenspolitische Fehler und Fehleinschätzungen entscheidend waren. Die FTD war eine in Zeiten des globalen Finanzbooms vor der großen Krise optimistisch gestartete Neuerscheinung, für die es von Anfang an keine Erfolgsgarantie geben konnte. Und die altehrwürdige FR, einst die Postille einer mehr oder weniger klassenbewussten Linken, geriet in die Krise schon mit dem Start der taz, die nicht nur an Frechheit, Charme und Witz die alte Tante FR rasch überbot, sondern mit ihrem Erfolg auch Ausdruck tektonischer Verschiebungen in der soziologisch-politischen Landschaft war, abzulesen am Bedeutungsverlust der Industriearbeit zugunsten der Dienstleistung, des sozialutopischen zugunsten des ökologischen „Bewusstseins“ und Lebensgefühls, der klassischen Sozialdemokratie zugunsten der grün-alternativen Bewegung.

Dass es einen Strukturwandel der Printmedien gibt und weiter geben wird, etwa von den Tageszeitungen hin zu Wochenblättern und von der allgemeinen zur speziellen thematischen Ausrichtung, scheint unverkennbar, aber dass die Printmedien generell keine Chance mehr hätten, zumal in der Kombination mit dem Netzauftritt, sich mit intelligent gestrickten Geschäftsmodellen auf dem Markt zu behaupten, ist nicht ausgemacht. Allerdings, bei anhaltend hohen Renditeerwartungen von Verlegern, die sich selbst als Unternehmer nur noch ökonomistisch definieren, wird die Erfolgschance auch erkauft mit einer brachial umgesetzten Kostensenkungsstrategie, sprich Personalabbau, sprich dramatisch abnehmender Recherchekapazität von Redaktionen. Und ohne Recherche eben keine „Aufklärung“, wenn das große Wort hier erlaubt ist, keine Information und Analyse, die hinreichend differenziert ist, um den Lesern, sprich Bürgern, die Bildung ihres jeweilig eigenen Urteils zu ermöglichen und so deren Urteilskraft insgesamt, also ihre Demokratiefähigkeit und damit „Mündigkeit“ zu stärken. Das ist ja eigentlich gemeint, wenn von journalistischer „Qualität“ die Rede ist – der demokratische Mehrwert, nicht einfach die keineswegs gering zu schätzende handwerkliche Qualität des gekonnten Blattmachens (oder Sendungmachens) mit dem Ziel und Erfolg der Durchsetzung des Produkts am Markt, sprich Auflage und Quote, die eben – Gesetz des Boulevards – mit einem Weniger an informativem Gehalt zwanglos vereinbar ist.

Was nur halb so schlimm wäre, wenn nicht die rapide zunehmende Komplexität aller Strukturen und Prozesse mit politischer Relevanz, und dies im globalen Maßstab, im Gegenzug nach einem Mehr an Recherche verlangte. Naturwissenschaftlich induziert und technologisch akzeleriert, läuft dieser Prozess immer rascher und auf breiter Front der Möglichkeit seiner intellektuellen Durchdringung, medialen Vermittlung und politischen Beherrschbarkeit davon. Gewiss, schwere, das heißt schwer zu treffende und schwer zu vermittelnde Probleme und Entscheidungsnotwendigkeiten gab es immer. Die von Konrad Adenauer in den 1950er-Jahren gegen die pazifistische Grundstimmung der Deutschen durchgesetzte Westbindung und damit zwangsläufig Wiederbewaffnung der Bundesrepublik war in diesem Sinne schwer. Aber nicht gleichermaßen schwierig, will sagen komplex, wie vergleichsweise etwa die aktuelle Aufgabe der Euro-Rettung und Überwindung der europäischen Staatsschuldenkrise sich heute darstellt. Oder die Frage konkreter militärischer Teilnahme Deutschlands an Kriseneinsätzen in aller Welt.

Das liegt nicht nur an der Vielzahl involvierter Entscheidungsebenen und den entsprechenden global agierenden Institutionen, von UNO, Weltbank, IWF oder NATO über die europäischen, die nationalen, föderalen, regionalen und lokalen Instanzen mit ihrem Geflecht von ineinandergreifenden und zugleich nicht eindeutig und nachvollziehbar abgegrenzten Kompetenzen und damit ihrer weitgehenden Undurchschaubarkeit für die Bürger. Zugleich macht die rasant zunehmende Beschleunigung der Kommunikation durch die Digitalisierung im globalen Ausmaß die Entscheidungsvorbereitung immer schwieriger – nicht zufällig sieht man unsere

Politiker permanent unter offenkundigem Zeitdruck mit dem Handy hantieren, während die gründliche Vorbereitung fälliger Entscheidungen den mutmaßlichen Inhabern des Sachverstands in der „Expertokratie“ überantwortet wird.

Kein Medium hält damit Schritt – es bleibt also nur, wenigstens ein Stück weit sein Heil auf dem Boulevard zu suchen, das Minus an Gründlichkeit und Tiefgang durch ein Plus an vordergründiger Attraktivität zu ersetzen. Wobei ich nicht der Versuchung erliegen möchte, die klassischen Medien zu verherrlichen. Auch sie konnten das Postulat der umfassenden, genauen, unparteiisch verlässlichen Information stets nur begrenzt erfüllen. Ich habe früher auf die beliebte Frage nach der Objektivität von Medien gern geantwortet, objektiv sei die Zeitung, die einigermaßen verlässlich berichte, aber im Kommentarteil meine Meinung vertrete. Will sagen, dass eine Zeitung im Sinne des von Arnold Gehlen (1904-1976) vertretenen Begriffs der Institution immer auch eine Entlastungsfunktion wahrnimmt. Sie entlastet mich von der Notwendigkeit, aus der unübersehbaren Fülle der Ereignisse die für mich, meine Situation und mein Interesse relevanten selbst herauszusuchen – wenn und solange ich dabei auf die intellektuelle Redlichkeit der Blattmacher vertraue. Damit sind sie Instanzen der Glaubwürdigkeit – und es stellt sich die Frage, ob sich im Netz vergleichbare Instanzen herausbilden können oder ob ganz andere Potenzen an ihre Stelle treten, deren Auswirkungen auf die Urteilskraft der Bürger noch nicht einzuschätzen sind.

Wohlgemerkt – die klassischen Medien sollen hier nicht glorifiziert und das Netz soll nicht dämonisiert werden. Das Netz ist zunächst einmal Freiheitschance, in seiner entgrenzten Freiheit dann auch ein Freiheitsrisiko. Das Netz war und ist natürlich niemals der Agent des „Großen Bruders“ im Sinne von George Orwells Roman „1984“ – das war vielmehr der „Volksempfänger“ unseligen Angedenkens. Das Netz beschleunigt und verstärkt ohnehin ablaufende Prozesse. Wie auch immer – es muss uns beunruhigen, uns Journalisten, meine ich vor allem, wenn die intellektuell anspruchsvollsten Beobachter und Kritiker unserer sogenannten postmodernen Zeitläufte wie der Soziologe und Systemtheoretiker Niklas Luhmann (1927-1998) oder der Philosoph Peter Sloterdijk (1947-) den Medien längst nicht mehr die Funktion einer wie auch immer konzipierten Wahrheitsvermittlung zuschreiben, sondern nur noch „Irritation“ (Luhmann) und „Erregung“ (Sloterdijk).

Es geht mir hier also nicht um eine einseitige „Schuld“-Zuweisung, sondern um das nüchterne Zurkenntnisnehmen unausweichlicher und sich verstärkender Ambivalenzen, wie sie nicht nur im Kampf um Urheberrechte, im Streit um Kriminalität im Netz und deren Eindämmung, um anonymes Mobbing, um die Bewahrung oder Preisgabe der Grenze zwischen Öffentlichkeit und Privatheit sichtbar werden, sondern auch im Problem des Orientierungsverlustes in der neuen globalen Unübersichtlichkeit. Einer letztlich immer nur kompromisshaft aufzulösenden Ambivalenz, wie sie in der Rolle von „Wikileaks“ zum Beispiel ebenso zum Ausdruck kommt wie in der kommunikativen Mobilisierung von Massen im Zuge der „Arabellion“ – beides ebenso faszinierende wie langfristig nicht unproblematische Phänomene.

Führt z. B. die arabische Mobilisierung, wie wir alle hoffen, zur arabischen Demokratisierung, oder führt die Zerstörung staatlicher Geheimhaltung durch das Machtinstrument des Herrn Assenge grundsätzlich zu einer besseren, weil transparenteren Politik? Können und sollen wir – der „Westen" – diese Entwicklungen überhaupt beeinflussen? Oder beeinflussen wir sie nolens volens ohnehin mit der westlichen Kommunikationstechnologie und den visuellen Botschaften, den Bildern, die wir damit zu ihnen transportieren, „Vor-Bildern" im durchaus nicht ungefährlichen Sinne von Wunschbildern des westlichen way of life, die nicht erfüllt werden können und unvermeidlich Enttäuschung, Frustration, Zorn und Hass nach sich ziehen? Und zum anderen: Sind zum Beispiel Friedensgespräche, im Nahen Osten oder wo auch immer sie erforderlich werden sollten, ist überhaupt jede konstruktive Diplomatie ohne Geheimhaltung nicht zum Misserfolg verurteilt, ganz gleich, ob da Demokratien oder Diktaturen involviert sind?

Die Globalisierung, nicht zuletzt die globale Entgrenzung der Finanzmärkte, führt zweifellos zu neuen Entkoppelungen, zur Entkoppelung von Leistung und Erfolg ebenso wie von Verantwortung und Haftung, jedenfalls tendenziell, doch ebenso anscheinend auch zur Entkoppelung von (tendenziell unbegrenztem) Informationszugang und tendenziell schwindender politisch-medialer Urteils- und Entscheidungskompetenz, bei zugleich schwindendem Ansehensverlust der politischen und medialen Akteure. Schon deshalb bedarf es geradezu gigantischer Bildungsanstrengungen auf breiter Front, wenn nicht ein neues, sich in Resignation flüchtendes, das Glück apolitisch im Windschatten der globalen Stürme suchendes politisches Abstinenzlertum die in unseren Breiten immer noch intakten Strukturen politischer Teilhabe und Verantwortung überlagern und zurückdrängen soll. Das gilt ganz unabhängig davon, ob kurzfristig neue Bürgerbewegungen die eine oder andere Frage basisdemokratisch entscheiden, das eine oder andere Großprojekt kippen.

Vielleicht wäre bei alledem schon viel gewonnen, wenn wir alle unsere Erwartungen etwas herunterpegeln könnten – nicht die an uns selbst, sondern die an die Allzuständigkeit der Politik wie auch an die Allwissenheit der Medien – und das Rezept dafür lautet, wie gesagt, Bildung, Bildung, Bildung. Was wir heute unter Bildung zu verstehen haben, ist freilich ein tagungsfüllendes Thema für sich.

DER GRENZENLOSE MENSCH
ÜBER DAS VERSCHWINDEN DES SCHMERZES

Svenja Flaßpöhler

„Ich nehme jetzt eine Tablette, und dann geht es mir gleich wieder gut." So oder so ähnlich klang der Satz, ausgesprochen von einer Frau in einem Werbespot der 1980er-Jahre für das Schmerzmittel Aspirin. Wenn ich die Werbung im Fernsehen sah, hatte ich jedes Mal das Gefühl, dass mit dieser Frau irgendetwas nicht stimmt, etwas, das mich abschreckte und faszinierte zugleich. Diese Kontrolliertheit. Diese beinahe unheimliche Verwandlung durch die Tablette. Gleichzeitig aber bewunderte ich die Frau für ihre Aufgeräumtheit und Ruhe. Sie lässt sich nicht durch irgendein Wehwehchen von ihren Plänen abbringen, ist kein hysterisches Nervenbündel, das sofort alles in Frage stellt, sich ärgert oder gar hasst für einen widerspenstigen Schmerz. „Ich nehme jetzt eine Tablette, und dann geht es mir gleich wieder gut" – wie ließe sich zuversichtlicher, wie ließe sich souveräner in einem Moment des Leidens über die Zukunft sprechen?

Die moderne Medizin hat unser Verhältnis zum Schmerz grundlegend verändert. Von Extremfällen abgesehen, ist der Schmerz kein Schicksal mehr, nichts, das ausgehalten oder hingenommen werden müsste, sondern eine Störung, die es möglichst schnell zu beheben gilt. Zwar haben die Menschen schon immer gegen den Schmerz gekämpft, mit Kräutern, Opiaten und bisweilen auch mit äußerst brutalen Methoden wie Schädelöffnungen und Hautritzungen, um die bösen Geister wieder aus dem Körper herauszulassen; aber erst mit der Einführung von Aspirin und Äthernarkose im 19. Jahrhundert begann ein Zeitalter, in dem der Schmerz immer gezielter und zuverlässiger beseitigt und vermieden werden konnte. Wer heute operiert wird, erlebt keine Tortur wie noch vor 200 Jahren, als chirurgische Eingriffe ohne Betäubung durchgeführt wurden; und dank schmerzstillender Mittel lassen sich in der Regel noch die hartnäckigsten Infekte, ja selbst schwere Verletzungen und auch fortgeschrittene Krebserkrankungen zumindest bis zu einem gewissen Punkt einigermaßen ertragen. „Die Fortschritte bei der Entwicklung von Schmerzmitteln haben die menschliche Erfahrung des Schmerzes verändert", schreibt der Soziologe David le Breton in seinem Buch „Schmerz".

> Sobald der Patient weiß, dass der Schmerz durch die schlichte Einnahme eines Medikamentes beseitigt werden kann, schmilzt seine Bereitschaft, ihn zu ertragen, dahin. Der Schmerz wird als unnötiges und unfruchtbares Residuum betrachtet, das der Fortschritt beseitigen muss, ein furchtbarer Anachronismus, der zu verschwinden hat.[1]

1 Le Breton 2003, S. 191.

Schmerzen peinigen, sie erscheinen uns überflüssig und unnütz, ja lebensfeindlich. Zahnschmerzen, Kopfschmerzen, Regelschmerzen: Kann man darauf nicht getrost verzichten? Warum die Qualen einer Geburt ertragen, wenn es doch heute betäubende Rückenmarkinfusionen, die sogenannte Periduralanästhesie gibt? Natürlich ist es ein Segen, wenn die Schmerzen schwerstkranker Menschen in Palliativstationen und Hospizen gelindert werden können. Doch was unterscheidet den Menschen noch von einer Maschine, wenn sich jedes Leid wie auf Knopfdruck beseitigen lässt? Ist ein Leben ohne Schmerz überhaupt vorstellbar?

1 DER WERT DES SCHMERZES

Ein Organismus, der überhaupt keinen Schmerz verspürt, würde verschwimmen mit seiner Umwelt. Nur durch den Schmerz erfahre ich mich als konturiert, nur durch ihn spüre ich, wann ich mir zuviel abverlange, sei es bei der Arbeit, in der Liebe oder beim Sport. Ich lerne, dass mein Körper nicht restlos verfügbar ist, dass er sich widersetzt und ich seinen Unwillen zu respektieren habe, wenn ich ihn nicht schädigen will. „Der Schmerzkörper macht uns auf Grenzen aufmerksam“, so der Philosoph Volker Caysa.

> Er signalisiert uns, dass wir uns zu überfordern, vielleicht sogar zu zerstören beginnen. Zur ‚großen Gesundheit‘ (Nietzsche) des Körpers gehört auch die Fähigkeit zur Wahrnehmung und zum Erleiden von Schmerz. Denn nur durch dieses Erleidenkönnen ist garantiert, dass wir wahrnehmen, wann wir die Grenzen der Körperinstrumentalisierung des eigenen wie des anderen Körpers überschreiten und beginnen, unsere leibliche Autonomie zu zerstören. Schmerz und Leid sind also nicht einfach Anzeichen eines kranken Körpers, sondern Bedingungen der Möglichkeit von Körperkompetenz. Sie sind Selbsttechniken eines vernünftigen Körpergebrauchs und eines daraus resultierenden gelingenden Körperumgangs.[2]

Nur wer auf seinen Schmerz hört, geht fürsorglich mit sich selbst um, gönnt sich Pausen und Phasen des Rückzugs. Der Schmerz ist der Wächter über unsere Gesundheit, ein Schutzpatron, der durchaus in paternalistischer Manier die Grenze zieht: Bis hierher und nicht weiter!

Darüber hinaus liegt im Schmerz häufig auch eine Aufforderung, sich selbst zu befragen: Warum bekomme ich immer, wenn meine Mutter mich besucht, so fürchterliche Kopfschmerzen? Wieso fühle ich mich in letzter Zeit so matt und zerschlagen? Hat das wirklich nur somatische Ursachen oder nicht vielleicht doch auch psychische? Manchmal leiden Menschen gar unter schlimmsten chronischen Schmerzen, ohne dass ein organischer Befund vorläge.

„Seit langem ist bekannt, dass sich bei einer großen Zahl von Schmerzpatienten keine oder keine ausreichenden organischen Veränderungen, die die Schmerzsymptomatik ausschließlich erklären könnten, finden lassen“[3], schreiben die Schmerztherapeuten Andreas Kopf und Rainer Sabatowski. Häufig seien Patienten mit seelischen Spannungen oder Affekten derart überfordert, dass sie diese stattdessen „in

2 Caysa 2006, S. 300.
3 Kopf/Sabatowski 2007, S. 62.

körperliche Spannungszustände verwandeln"[4]. Und um herauszufinden, um welche seelischen Spannungen es sich handelt, sei eine langwierige Psychotherapie unumgänglich, denn mit bloßer Symptombekämpfung komme man in solchen Fällen nicht weiter. Auch psychisch bedingter Schmerz ist folglich nicht einfach nur peinigend, sondern gleichzeitig ein Wegweiser zur Heilung: Den Schmerz ernst zu nehmen heißt, sich selbst ernst zu nehmen.

2 SCHMERZ UND MORAL

Die Erfahrung von Schmerz ist entscheidend für mein Verhalten mir selbst gegenüber. Doch auch für die Moral ist der Schmerz unabdingbar: Woher wüsste ich, was anderen wehtut, wenn ich nicht selbst wüsste, was Schmerzen sind? „Das ist wohl der unmenschlichste Körper", schreibt Volker Caysa, „der sich sowohl an sich selbst wie auch an anderen kein Leid vorstellen kann, der folglich auch nicht mitleiden kann und der demzufolge, weil er keine Mindestvorstellung vom Schmerz hat, auch nicht weiß, was er anderen an Leid zufügt."[5]

Tatsächlich beruht unser täglicher Umgang mit anderen Menschen ganz wesentlich auf der Erfahrung von Schmerz. Nur wenn ich weiß, wie eine Verletzung schmerzt, sei sie nun physisch oder psychisch, kann ich mich in einem leidenden Menschen erkennen; und nur wenn ich mit ihm mitzuleiden vermag, kann ich mich ihm gegenüber mitmenschlich verhalten. „Wie ist es nun aber möglich", so fragte der Philosoph Arthur Schopenhauer,

> daß ein Leiden, welches nicht meines ist, nicht mich trifft, doch ebenso unmittelbar, wie sonst nur mein eigenes, Motiv für mich werden, mich zum Handeln bewegen soll? Wie gesagt, nur dadurch, daß ich es, obgleich mir nur als ein Aeußeres, bloß vermittelst der äußeren Anschauung oder Kunde gegeben, dennoch mitempfinde, es als meines fühle, und doch nicht in mir, sondern in einem Andern [...].[6]

Man handelt moralisch nicht aus reiner Pflicht, meinte Schopenhauer (womit er sich entschieden gegen den Pflichtethiker Immanuel Kant wandte), sondern nur aus Neigung: Nur ich selbst etwas als schmerzhaft erfahre, will ich es auch für andere nicht. „Was du nicht willst, das man dir tu, das füg auch keinem andern zu", so besagt ja in der Tat die berühmte „Goldene Regel", an die wir uns in unserem Alltag zumeist ganz automatisch halten.

Auch evolutionsbiologisch lässt sich die Verbindung von Schmerz und Moral stützen. Bereits in Urzeiten haben Schmerzäußerungen empathisches Verhalten ausgelöst, und sie tun es noch heute: Wer vor Schmerz das Gesicht verzieht oder aufschreit, bekommt (in aller Regel) Aufmerksamkeit, Zuneigung, Hilfe. „Schmerzäußerungen erfüllen in einem sozialen Umfeld eine wichtige appellative Funktion, nämlich die Aufforderung, parentales Verhalten, also Empathie und Betreuung zu entwickeln", schreiben die Schmerztherapeuten Kopf und Sabatowski. „Die archa-

4 Kopf/Sabatowski 2007, S. 63.
5 Caysa 2006, S. 295–296.
6 Schopenhauer 1979, S. 126–127.

ischen und universalen Methoden der Schmerzbekämpfung sind Zuwendung, Körperkontakt, Stützen, Massieren, Trösten und Gebete ...“[7]

3 ZEIG DEINE WUNDE!

Das Zeigen von Schmerz und Schwäche ist also immer auch ein Zeichen dafür, dass menschliche Nähe gebraucht wird; und tatsächlich existiert eine solche Nähe ja überhaupt nur da, wo Menschen sich einander als verletzlich offenbaren. Nur wenn ich mich in meiner Verwundbarkeit einem Gegenüber anvertraue, kann eine Beziehung entstehen, und nur wenn der andere von meiner Verletzlichkeit weiß, kann er sich entsprechend verhalten. „Zeige deine Wunde!“, so hieß entsprechend eine Installation des Künstlers Joseph Beuys in den 1970er-Jahren, die den Menschen in seiner Anfälligkeit und Sterblichkeit thematisierte: Die Installation erinnerte vage an ein verdrecktes Krankenzimmer, Leichenbahren aus der Pathologie, Vogelschädel, Fieberthermometer und mit Fett gefüllte Behälter wiesen auf die menschliche Vergänglichkeit hin, stellten ihn als hinfälliges Wesen aus.

Die Wunde des Menschen ist seine Verletzlichkeit – und anstatt sie zu verleugnen gilt es, offensiv mit ihr umzugehen, ja sogar auf sie hinzuweisen wie Jesus in Caravaggios Gemälde „Der ungläubige Thomas“: Das Gemälde zeigt den auferstandenen Jesus mit klaffender Wunde in der Brust, zu der er einen Finger des neben ihm stehenden Apostel Thomas führt. Thomas nämlich zweifelt an der Leibhaftigkeit Jesu, und um ihn zu überzeugen, legt Jesus im buchstäblichen Sinne den Finger in die Wunde. Dass ein Wundmal, dass ein Stigma durchaus schambesetzt ist und seine Offenbarung insofern immer Überwindung kostet, wird in Caravaggios Gemälde allerdings ebenso deutlich: Bei genauerem Hinsehen ist nämlich nicht mehr ganz klar, ob Jesus die Hand des Thomas wirklich zu seinem Körper hinführt oder ob er diese womöglich doch eher zurückhält. „Zieht seine rechte Hand das Gewand über die Wunde, um das Geschehen zu verbergen oder zieht sie das Gewand weg und lenkt den Blick so auf die Wunde hin?“, fragt die Kulturwissenschaftlerin Sophie Wennerscheid in ihrem Buch „Das Begehren nach der Wunde“. „Und schaut Thomas wirklich auf die von ihm begehrte Wunde oder starrt er nicht vielmehr in angestrengter Abwehr an ihr vorbei?“[8]

Dies ist die zitternde Ambivalenz der eigenen Verwundbarkeit: Auf der einen Seite macht diese mich überhaupt erst zum Menschen, und ich sehne mich danach, von anderen in meinem Menschsein, in meinem einzigartigen Sosein mit allen Schwächen anerkannt zu werden; auf der anderen Seite aber bin ich ständig bemüht, meine wunde „Stelle“ zu kaschieren und zu verstecken, um mich unangreifbar zu machen. Nur: Was wäre, wenn das Wundmal der eigenen Existenz wirklich verschwände? Ein Mensch, dem jeder Schmerz fremd ist oder der zumindest so tut, als wäre er ihm fremd, wird sich selbst immer der Nächste bleiben und Hilfe weder geben noch erhalten. Aber noch schlimmer ist: Ein solcher Mensch wäre gänzlich

7 Kopf/Sabatowski 2007, S. 55–56.
8 Wennerscheid 2008, S. 9–10.

ohne Verlangen. Denn wer keinen Schmerz empfindet, braucht nichts und will nichts, hat keine Fragen, keine Bedürfnisse mehr. Und was unterscheidet einen solchen Zustand noch vom Tod? „Eine Wunde offen zu halten kann ja auch gesund sein", schrieb Søren Kierkegaard im 19. Jahrhundert: „eine gesunde und offene Wunde; manchmal ist es am Schlimmsten wenn sie zuwächst."[9]

4 ICH LEIDE, ALSO BIN ICH

Wie existenziell die Verbindung des Menschen zum Schmerz ist, zeigt sich, in psychisch bedenklicher Form, am Phänomen der Selbstverletzung. Wenn der Mensch sich nicht mehr spürt, wenn er keinen Zugang mehr hat zu seinen eigenen Gefühlen, beginnt er, sich selbst zu traktieren, weil jeder Schmerz besser ist als der Tod. Heute üben wir uns in erstaunlich vielen Kulturtechniken, die einer ganz ähnlichen Logik gehorchen. Ob Extremsport, Lippenpiercing oder Ganzkörpertätowierung: Es scheint, als sehnten wir uns heute regelrecht nach dem Schmerz – und das ausgerechnet in einer Zeit, die doch von absoluter Schmerzfreiheit träumt! Oder ist die Zunahme an selbstverletzendem Verhalten womöglich nur die Kehrseite dieses Traums? „Je mehr Leiden künstlich beseitigt werden, umso mehr Schmerzen müssen ebenso künstlich geschaffen werden", so der Philosoph Arnd Pollmann. „Lieber ein gewaltsames Traktieren der eigenen Hülle sowie ein Leben hart an der eigenen Grenze als die gefühlskalte Formlosigkeit einer hochtechnisierten Welt, in der das eigene Leben – ganz ohne Schmerzen – keine deutlichen Konturen mehr gewinnen kann."[10]

Wenn der Mensch das Gefühl für die eigenen Grenzen verliert, wenn er in seinem Alltag kaum noch körperliche Erfahrungen macht, dann ist der selbst zugefügte Schmerz die einzige Möglichkeit, sich seiner selbst überhaupt noch zu versichern. Die Psychoanalytikerin Benigna Gerisch schreibt:

> Körpermanipulationen gleich welcher Art, ob durch Fitness oder blutige Selbstbeschädigung, tragen dann dazu bei, sich selbst wieder konturiert, begrenzt und lebendig zu fühlen, und nähren die Illusion, angesichts von außen oder innen kommender identitätsauflösender Bedrohungen wieder Herr im eigenen Körper zu sein. Nur auf dieser Basis [...] ist das klinisch evidente Phänomen zu verstehen, dass Selbstzerstörung – im Sinne der Desintegrationsabwehr – der Selbstfürsorge dienen kann.[11]

Im Schmerz zieht sich der Mensch in sich selbst zurück, er ‚besinnt sich' seiner Existenz, wobei das Besinnen eben keinen geistigen, sondern tatsächlich einen sinnlichen Akt bezeichnet: Ich leide, also bin ich.

9 Kierkegaard 2008, S. 244.
10 Pollmann 2006, S. 314–315.
11 Gerisch 2006, S. 138.

5 DEM SCHMERZ OFFEN STEHEN

Schmerzen zu erfahren bedeutet, Wirklichkeit zu erfahren. Schon unser erster Kontakt mit der Welt war ein Schmerz, der Schmerz des Geborenwerdens. Erst die Enge des Geburtskanals, dann plötzlich Kälte, Lärm und grelles Licht: Der Beginn der eigenen Existenz ist, wenn man so will, ein Schock, der die Lebensgeister weckt und das kleine Wesen in eine neue, gänzlich andere Form des Seins überführt. Und auch die Gebärende empfindet einen Schmerz, der gerade in seiner ungeheuren Intensität auf die Einzigartigkeit und Besonderheit des Ereignisses verweist: Ein Kind kommt zur Welt. Durch die Geburt trennt es sich von der Mutter, der Schmerz ist also immer auch, im wahrsten Sinne des Wortes, ein Trennungsschmerz. Werden die Schmerzen durch eine Periduralanästhesie genommen, kommt es mitunter zu Komplikationen bei der Geburt, etwa, weil die Frauen aufgrund des Taubheitsgefühls nicht mehr richtig mitarbeiten können; und darüber hinaus haben manche Mütter hinterher das Gefühl, die Geburt nicht wirklich erlebt, nicht wirklich vollzogen zu haben. In seiner Kulturgeschichte des Schmerzes berichtet David le Breton von einer Frau, der man während der Geburt ihres Kindes eine Rückenmarkspritze gegen die Schmerzen verabreicht hatte. Die Frau, mittlerweile in Frankreich lebend, stammte aus einem Dorf in Benin. Am Tag nach der Geburt weigerte sie sich aufzustehen, blieb in gekrümmter Haltung liegen und erklärte, dass sie „Schmerzen an ihrer Anästhesie" habe. Später erzählte sie von den Entbindungen in ihrem Dorf, die sie miterlebt hatte, berichtete von den Schmerzen, mit denen das Kindergebären verbunden war, bei ihrer Mutter genauso wie bei ihren Tanten. „Durch die bei der Entbindung angewandte Peridualanästhesie war das Gefühl der Zugehörigkeit zu ihrer Mutter und zu den anderen Frauen ihrer Gemeinschaft durchtrennt worden", schreibt le Breton.

> Durch das Austragen eines eingebildeten Schmerzes findet die Frau in den Zusammenhalt ihrer eigenen Welt zurück und vollzieht die Geburt ihres Kindes im Einklang mit ihren Ursprüngen. Die Narkose enthält ihr einen wichtigen Bezugspunkt vor, nimmt der Erfahrung ihre Wirklichkeit und ihren inneren Wert und verhindert ihre Integration in die kollektive Geschichte. Eine individuelle symbolische Handlung, worin der Schmerz zeichenhaften Wert erhielt, stellt den Bezug zur Vergangenheit wieder her und besiegt die Bedrohung des Identitätsgefühls.[12]

Nun ist unsere hochentwickelte Kultur natürlich kein afrikanisches Dorf, und man muss sagen, zum Glück, denn die Möglichkeiten der modernen Medizin, inklusive der Anästhesie, können lebensrettend sein, auch bei der Geburt. Wenn aber eine Geburt ganz normal verläuft, bedeutet eine Rückenmarkspritze oder ein Kaiserschnitt nie nur einen Gewinn (nämlich die Abwesenheit von Schmerz), sondern immer auch einen Verlust: Die Geburt verliert ihre Außerordentlichkeit und auch ihre Symbolkraft, je mehr man sie technisiert. Mittlerweile sehen viele Eltern in der westlichen Welt der Geburt ihres Kindes wie einem profanen körperlichen Eingriff entgegen. Weil sie den Geburtstermin planen wollen und die Frau die Schmerzen sowie mögliche körperliche Spätfolgen einer natürlichen Geburt vermeiden will, entscheiden sich Paare von vornherein für einen sogenannten Wunschkaiserschnitt: Ohne medizinische Indikation wird die Frau regional oder allgemein betäubt, das

12 Le Breton 2003, S. 192.

Kind wird aus dem Bauch geholt, die Frau anschließend wieder zugenäht. Bis in die Neuzeit hinein wurde der Kaiserschnitt nur an toten Frauen ausgeführt, um das Kind möglicherweise noch zu retten, und bis vor einigen Jahren wurde er ausschließlich in medizinisch indizierten Notfällen angewandt. Heute wird er mehr und mehr zur Regel: Während 1998 lediglich 18 Prozent aller Kinder in Deutschland mit Kaiserschnitt auf die Welt kamen, waren es 2005 bereits 28 Prozent.

Der Wunsch nach Schmerzfreiheit erfasst heute also zunehmend auch jene Bereiche des Lebens, die mit Krankheit überhaupt nichts zu tun haben. Dass es aber ohne Schmerz letztlich kein Glück geben kann, wusste bereits Friedrich Nietzsche. „Allein unter dieser Bedingung, von allen Seiten und bis ins Tiefste hinein dem Schmerze immer offen zu stehen, kann er den feinsten und höchsten Arten des Glücks offen stehen"[13], so der Philosoph. Tatsächlich gibt es kein Glück ohne Schmerz: Wer ihn um jeden Preis vermeiden will, lebt wie in Watte gehüllt und erlebt die Welt nur gedämpft. Der glückliche Mensch hingegen ist so angreifbar wie ein Mensch im Gewitter auf freiem Feld: Jeden Moment kann der Schmerz wie ein Blitz einschlagen, und genau dieser Offenheit, dieser Ausgesetztheit bedarf es, um die höchsten Arten des Glücks zu empfinden. Ekstase, Lust, Begierde, Liebe und Sehnsucht: Nichts von alldem kann erfahren, wer nicht auch dem Schmerz offen steht.

Was die Frau aus der Aspirin-Werbung wohl zu Nietzsches Satz gesagt hätte? Vermutlich nur dies: „Ich nehme jetzt eine Tablette, und dann geht es mir gleich wieder gut."

BIBLIOGRAFIE

Caysa, Volker (2006): Vom Recht des Schmerzes. Grenzen der Körperinstrumentalisierung. In: Ach, Johannes S./Pollmann, Arnd (Hrsg.): No body is perfect. Baumaßnahmen am menschlichen Körper – Bioethische und ästhetische Aufrisse. Bielefeld, S. 295–306.

Gerisch, Benigna (2006): Keramos Anthropos. Psychoanalytische Betrachtungen zur Genese des Körperselbstbildes und dessen Störungen. In: Ach, Johannes S./Pollmann, Arnd (Hrsg.): No body is perfect. Baumaßnahmen am menschlichen Körper – Bioethische und ästhetische Aufrisse. Bielefeld, S. 131–161.

Kierkegaard, Søren (2008): Deutsche Søren Kierkegaard Edition. Band 2. Journale EE-KK. Herausgegeben von Richard Purkathofer und Heiko Schulz. Berlin.

Kopf, Andreas/Sabatowski, Rainer (2007): Schmerz und Schmerztherapie. In: Blume, Eugen et al. (Hrsg.): Schmerz, Kunst und Wissenschaft. Köln, S. 55–64.

Le Breton, David (2003): Schmerz. Eine Kulturgeschichte. Zürich/Berlin.

Nietzsche, Friedrich (2005): Nachlass 1880–1882. In: Kritische Studienausgabe. Herausgegeben von Giorio Colli und Mazzino Montinari. Band 9. München.

Pollmann, Arnd (2006): Hart an der Grenze. Skizze einer Anamnese spätmodernen Körperkults. In: Ach, Johannes S./Pollmann, Arnd (Hrsg.): No body is perfect. Baumaßnahmen am menschlichen Körper – Bioethische und ästhetische Aufrisse. Bielefeld, S. 307–324.

Schopenhauer, Arthur (1979): Preisschrift über das Fundament der Moral. Hamburg.

Wennerscheid, Sophie (2008): Das Begehren nach der Wunde. Religion und Erotik im Schreiben Kierkegaards. Berlin.

13 Nietzsche 2005, S. 641.

DER MENSCH IST NUN MAL SO – ÖKONOMIE UND GERECHTIGKEITSDISKURS

Peter Zudeick

Es ist über zwanzig Jahre her. Der Fall der Mauer und der Zusammenbruch der Kommandowirtschaften im Osten war für viele identisch mit dem Sieg des Kapitalismus. Das ist zwar nicht logisch, denn der Wegfall eines Kontrahenten bedeutet ja nicht unbedingt Sieg des übrigbleibenden, sondern lediglich das Ende eines Kampfes. Die sogenannte „Systemauseinandersetzung" war beendet, aber für viele hieß das eben auch, dass die Überlegenheit des einen Systems, nämlich des Kapitalismus, bewiesen war. Um dem Rechnung zu tragen, hieß die Devise: Steuern senken, Eigentum privilegieren, deregulieren, liberalisieren, privatisieren und so fort. Das war die vorherrschende Meinung in der Politik, in den Wissenschaften, in der Wirtschaft sowieso, aber auch in den meisten Medien. Nicht nur in den Wirtschaftsteilen.

Die Zeiten haben sich geändert: Die anhaltende Welt-Finanzkrise, die trotz aller gegenteiliger Beteuerungen längst zu einer weltweiten Wirtschaftskrise geworden ist, hat eine Diskussion wiederbelebt, die erledigt schien: Die Diskussion über den Kapitalismus. Mindestens die Hälfte der Deutschen ist heute unzufrieden mit der Wirtschaftsordnung, drei Viertel finden, die Marktwirtschaft mache die Reichen reicher und die Armen ärmer. Es geht nicht gerecht zu, davon sind die meisten Menschen fest überzeugt. „Es fehlt dieser Regierung ein Gerechtigkeitsgen", erklärte Renate Künast von den Grünen im November 2012 in der Haushaltsdebatte des Bundestages.

Nun gibt es immer noch reichlich Verteidiger dieses Systems, in der Politik, in der Wissenschaft, in den Medien, die davon überzeugt sind, dass alles nicht so schlimm ist, und die das murrende Publikum mit beschwichtigenden Parolen vertrösten: Einige Spieler im kapitalistischen Kasino hätten es halt – von der Gier gepeitscht – übertrieben, diese Übertreibungen müssten zurückgefahren werden. Das System aber sei in Ordnung, wenn alles mit Maß und Ziel betrieben werde. Das marktwirtschaftliche System, wie der Kapitalismus von seinen Verteidigern gerne genannt wird, müsse erhalten werden, denn sonst werde es ganz gefährlich. Also müsse man zwar Regeln für die Finanzwirtschaft aufstellen, Barrieren gegen den Missbrauch errichten, am System aber dürfe auf keinen Fall gerüttelt werden.

Zur Begründung, warum das System kapitalistische Wirtschaft so funktioniert, wie es funktioniert, werden freilich Argumente herangezogen, die bemerkenswerterweise nicht den Wirtschaftswissenschaften entstammen. Das System selbst mag mit ökonomischen Kategorien beschrieben werden, seine Grundannahmen aber sind der Anthropologie, der Philosophie, der Soziologie, der Theologie entnommen. Es sind Grundannahmen über das „Wesen des Menschen“, über die Gesetze seines Handelns und Wirtschaftens und die des Zusammenlebens der Menschen. Annahmen, die stets auf den Grundsatz hinauslaufen: „Der Mensch ist nun mal so.“ Das ist nun keineswegs eine neue Entwicklung, sondern der seit über zweihundert Jahren sich durchhaltende Versuch, Wertesysteme an ökonomischen Kriterien zu orientieren. In diesem Fall also: Den Gerechtigkeitsdiskurs zu ökonomisieren und damit zu entschärfen.

Worum geht es? Es geht um eine Wirtschaftsordnung, die auf dem Privateigentum an Kapital beruht. Kapital, das sind zum einen Produktionsmittel wie Grund und Boden, Fabriken, Maschinen, Geräte, Werkzeuge, technische Anlagen, Produktionsverfahren, also der sogenannte „Kapitalstock“. Zum anderen ist Kapital Geldkapital, das zur Anschaffung, Erneuerung und Erweiterung des Kapitalstocks zur Verfügung steht. Sinn und Zweck der Veranstaltung ist dabei die Vermehrung von Kapital, nicht die Herstellung von Waren oder die Bereitstellung von Dienstleistungen oder Ähnliches. Im Mittelpunkt steht der Profit oder die Rendite. Und das muss auch so sein, sagen die Verfechter des Systems, weil das System nur so funktionieren kann. Es ist also das alte Lied, das wir spätestens seit Adam Smith kennen: Lasst die Wirtschaft nur machen, und das Wohlergehen der Gemeinschaft ist gesichert.

1 DIE UNSICHTBARE HAND

Das ist das Merkwürdige: Dass die herrschende klassische Ökonomie des 21. Jahrhunderts immer noch auf einer Theorie des 18. Jahrhunderts fußt. Adam Smith, der schottische Moralphilosoph, gilt allgemein als Begründer der modernen Nationalökonomie. Seine Hauptthese: Alle Menschen streben nach ihrem persönlichen Glück. Mit diesem Streben sind sie von Gott ausgestattet. Indem sie das tun, wird gleichzeitig das gesellschaftliche Glück vermehrt. Und zwar wie von einer „unsichtbaren Hand“[1]. Dass es die gibt, verdanken wir der „Vorsehung eines weisen, mächtigen und gütigen Gottes“. Hinter der Vorstellung der „unsichtbaren Hand“ steht also die Vorstellung einer gottgewollten Ordnung. In die man logischerweise nicht eingreifen darf.[2]

Diese Theorie der „unsichtbaren Hand“ ist später, vor allem im 19. und 20. Jahrhundert, vornehmlich von der neoklassischen Wirtschaftstheorie zu einem allgemeinen Lebens- und Wirtschaftsprinzip stilisiert worden. Wobei an die Stelle von Gott auch die „Natur“ treten kann. Die bestehende Ordnung wird für gott- oder naturgegeben gehalten, also sind auch Wirtschaftskrisen und soziales Elend Teil des göttlichen Plans oder des natürlichen Gangs der Dinge, in den niemand eingreifen darf. Krisen sind Durchgangsstadien auf dem Weg zu dem Gleichgewicht, das Adam Smith als natürlichen Zustand von Wirtschaft und Gesellschaft beschrieben hatte. Alle großen Ökonomen des 18. und 19. Jahrhunderts glaubten an diese gott-

1 Smith 2004, S. 315ff.; 2005, S. 370f.
2 Smith 2004, S. 251.

gewollte oder „natürliche“ Ordnung von Wirtschaft und Gesellschaft, die Aufklärung ist an ihnen offenbar spurlos vorübergegangen.

Diese Wirtschaftstheologie oder dieser Wirtschaftsnaturalismus ist bis heute Grundlage unseres Systems, wie ihn die neoklassische Lehre vertritt. Kürzlich erklärte Lloyd Blankfein (in einem Interview mit der „Sunday Times“), Chef von Goldman Sachs in den USA: „Ich bin bloß ein Banker, der Gottes Werk verrichtet.“ Das ist die Antwort auf die Frage, warum man nicht in das System eingreifen darf. Weil es nur funktioniert, wenn man es in Ruhe lässt, und weil es am Ende Gottes Werk ist.

2 HOMO OECONOMICUS

Passend zu dieser Wirtschaftstheologie entsteht im 18. Jahrhundert die Theorie vom Homo oeconomicus. Der Mensch ist ein auf sein eigenes Interesse und seinen Profit orientierter, rational kalkulierender Mensch, lautet die These. Wir kennen das Modell von den Physiokraten, die Mitte des 18. Jahrhunderts eine eigene Wirtschaftsethik in Konkurrenz zur klassischen Ethik entwickelten. Das Streben nach wirtschaftlichen Vorteilen sollte nicht mehr als – notwendiges – Übel, sondern als positive Eigenschaft angesehen werden.

Wirtschaftsprozesse, so die These, laufen gesetzmäßig ab, und im Mittelpunkt steht das Rationalitätsprinzip. Der Mensch als egoistisches und rationales Wesen strebt nach möglichst viel Gewinn und Genuss. Und das hält die Wirtschaft in Gang.

Adam Smith hat diese Überlegungen systematisiert. Wobei Smith eher beschreiben will, was der Mensch als Marktteilnehmer tut, und nicht so sehr, wie er insgesamt seinem Wesen nach ist. Aber man kann Smith so interpretieren, und Ökonomen vor allem des 19. Jahrhunderts haben das bereitwillig getan.

Eigeninteresse und Eigennutz werden nun umgedeutet als wichtigste Handlungsmotive, die im übrigen nicht ethisch gerechtfertigt werden müssen, weil sie den Wohlstand aller schaffen. Aus dem wichtigsten Handlungsmotiv wurde dann allmählich das einzige und das einzig mögliche: Der „economic man“ war geboren, später mit dem lateinischen Ehrentitel „Homo oeconomicus“ verziert.

Zwar haben die Verfechter dieses Modells von Anfang an betont, dass der Homo oeconomicus eher als wirtschaftswissenschaftliche Arbeitshypothese zu verstehen ist, um Wirtschaftsabläufe erklären zu können, oder als Idealtyp solcher Abläufe. Aber der Schritt von einem wissenschaftlichen Gedankenkonstrukt als Grundlage der reinen Ökonomie zu einem allgemeinen gesellschaftlichen Leitbild ist klein.

Spätestens im 20. Jahrhundert wird der Homo oeconomicus zu einem Modell für menschliches Handeln überhaupt. Unter der Hand wird die Rationalität des Systems, die ursprünglich eine Rationalität vernünftigen Wirtschaftens ist, der sich der rational denkende wirtschaftende Mensch handelnd einfügt, zur Rationalität des Menschen überhaupt. Der Homo oeconomicus wird zur anthropologischen Grundkonstante. Nach dem Motto: So ist der Mensch nun einmal, die selbstsüchtige, gewinnorientierte Rationalität ist sein Wesen, seine Natur, er kann gar nicht anders. Wenn der Mensch aber so ist, wie er ist, dann sind die Verhältnisse logischerweise so, wie sie sind, und es ist widernatürlich und unlogisch, sie ändern zu wollen.

3 DIE GENMASCHINE

Zu dieser Konstruktion passt ganz wunderbar eine bestimmte Interpretation der Lehren von Charles Darwin. Der gerne dahingehend missverstanden wird, dass er die genetisch bedingte rücksichtslose Durchsetzungsfähigkeit als Bedingung der Erhaltung der Arten definiert habe. Was er nicht getan hat. Die „Soziobiologie" hat seit den 1940er-Jahren versucht, verschiedene Ansätze der biologischen Evolutionsforschung, der Verhaltensbiologie, Soziologie, Psychologie und Ökologie in einer neuen Disziplin zusammenzuführen, die die biologischen Grundlagen des sozialen Verhaltens, auch des menschlichen, erklären soll. Womit auch der Anspruch verbunden ist, dass soziales Verhalten generell biologisch erklärbar ist.

Grundthese: Alles, was wir tun, tun wir im Sinne der Nutzenoptimierung, alles geschieht zum Nutzen der natürlichen Selektion. Liebe, Selbstlosigkeit, Solidarität, Barmherzigkeit, Großmut, Fürsorge? Das gibt es alles nicht, alles entpuppt sich als purer genetischer Eigennutz. Kinderliebe zum Beispiel ist eine „evolutionär erfolgreiche, mithin genetisch eigennützige Strategie", es geht „einzig um den Ausbreitungserfolg biologischer Programme".[3] Am schärfsten hat Richard Dawkins in seinem Weltbestseller „Das egoistische Gen" diese These formuliert: „Wir alle und alle anderen Tiere sind Maschinen, die durch Gene geschaffen wurden. Wie erfolgreiche Chicagoer Gangster haben unsere Gene in einer Welt intensiven Existenzkampfes überlebt", schreibt Dawkins, und er fährt fort: „Aufgrund dessen können wir ihnen bestimmte Eigenschaften unterstellen. Ich würde argumentieren, dass eine vorherrschende Eigenschaft, die wir bei einem erfolgreichen Gen erwarten müssen, ein skrupelloser Egoismus ist."[4]

Also: Biologie ist unser Schicksal, genau wie Edward Osborne Wilson, der Begründer der Soziobiologie, das in einem Buchtitel formuliert hat.[5] Da konnten die Adam-Smith-Radikalen und Homo-oeconomicus-Anarchisten frohlocken: Endlich bekam der menschliche Egoismus seine naturwissenschaftlichen Weihen.

Nach dieser Theorie ist der Mensch nichts als eine „Überlebensmaschine" am Gängelband seiner Gene. Die sind darauf aus, eine möglichst hohe Reproduktionsrate zu erzielen. Der Mensch ist Exekutor eines biologischen Programms. Die Gene haben ihn im Griff, er tut alles dafür, sie an seine Nachkommen weiterzugeben. Wie er sich zu seinen Eltern, seinen Kindern, zu seinem Geschlechtspartner verhält – das alles dient dem Fortbestand der eigenen Gene. Selbst wenn er sich kooperativ

3 Voland 2006, S. 34.

4 Dawkins 2008, S. 37. „Ein Affe ist eine Maschine, die für den Fortbestand von Genen auf Bäumen verantwortlich ist, ein Fisch ist eine Maschine, die Gene im Wasser fortbestehen lässt." (Ebd., S. 67)

5 Wilson 1980.

verhält, handelt er noch egoistisch. Kooperation ist nur eine Form von Egoismus, weil der Mensch eben eine Marionette der Gene ist, und die sind als egoistisch definiert.

4 HUMAN-ÖKONOMIK

Neuere Forschungen und Studien haben diese Vorstellung, der menschliche Organismus stehe unter dem Kommando der Gene, längst ad absurdum geführt. Es ist genau umgekehrt: „Gene stehen unter dem Kommando des Körpers, sie gleichen einer Klaviatur, die vom Organismus bespielt wird.“[6] So formuliert es der Molekularbiologe Joachim Bauer. Gene sind keine autonomen, unabhängig von der Umwelt arbeitenden Instanzen. Sie kommunizieren und kooperieren mit der Umwelt. Ein Gen alleine kann gar nichts ausrichten. Es kann nur dann in Aktion treten, wenn es mit zahlreichen weiteren Molekülen in kooperative molekulare Wechselwirkungen eintritt.

Auch die Neurobiologie ist in der Lage, diesen menschlichen Willen zur Kooperation zu erklären. Neuere Forschungen haben ergeben, dass es im menschlichen Gehirn ein Motivations- und Belohnungssystem gibt, die so genannten „reward systems“. Bei angenehmen Erfahrungen wird – wie bei allen Säugetieren – der Botenstoff Dopamin ausgeschüttet, der Gefühle von Glück und Zufriedenheit erzeugt und den Organismus in einen Zustand von Konzentration und Handlungsbereitschaft versetzt. Nichts aktiviert dieses System so stark wie der Wunsch und die Aussicht auf soziale Anerkennung und positive Zuwendung.

Einverstanden, sagt der Biologist. Das passiert dann, wenn wir unsere egoistischen Ziele gegen andere durchsetzen konnten. Also bei jedem Etappensieg im „struggle for life“. Mit dem Ergebnis: Steigerung des Reproduktionserfolgs, Verdoppelung des Profits. Auch das mag sein. Regelmäßig aber vermittelt das Gehirn Glück und Zufriedenheit, wenn wir gute und befriedigende Beziehungen zu anderen Menschen haben und angenehme soziale Bindungen eingegangen sind. Zwischenmenschliche Anerkennung, Wertschätzung, Zuwendung, Zuneigung geben und empfangen, das ist der Punkt. „Wir sind – aus neurobiologischer Sicht – auf soziale Resonanz und Kooperation angelegte Wesen.“[7] Dopamin, körpereigene Opioiden und der „Wohlfühlbotenstoff“ Oxytocin sorgen dafür, dass Bindungserfahrungen positiv wirken.

Ähnliche Beobachtungen hat man auch in der Stressforschung gemacht: Zuneigung, Liebe sind die besten Stressvermeidungsmittel. Und das alles heißt: Das Gehirn ist keine Steuerungszentrale für eine Konkurrenz- und Überlebensmaschine, sondern eher ein „social brain“, auf Kooperation und soziale Bindungen angelegt. Demnach wäre die Theorie grundfalsch, dass Gene gegeneinander konkurrieren. Begriffe wie „Konkurrenz“ und „Überlebenskampf“ sind aus dem Wirtschaftsleben

6 Bauer 2006a; vgl. auch Bauer 2008, S. 23ff.
7 Bauer 2006b, S. 36.

von außen an die Biologie herangetragen worden. Die Biologie kennt kein Erfolgsdenken, wie es die Wirtschaft beherrscht.[8]

Sollte das zutreffen, hätten die Gen-Egoisten und die Marktradikalen gleichermaßen schlechte Karten. Dabei hatte alles so schön gepasst: Die These, dass der Mensch „nun mal so ist“, dass er biologisch gar nicht anders kann, als sein Eigeninteresse brutal durchzusetzen, hätte fabelhaft die Hypothese stützen können, dass der Homo oeconomicus der Normal- und Idealfall des Menschseins sei. Dafür spricht freilich immer weniger.

Die Experimentelle Ökonomik untersucht seit geraumer Zeit mit Hilfe von Elementen der Spieltheorie, ob der wirtschaftende Mensch und der Mensch überhaupt tatsächlich so rational gewinnorientiert entscheidet und handelt, wie die reine Theorie das behauptet. In „Diktatorspiel“ zum Beispiel (und seiner Variante, dem „Ultimatumspiel“) hat ein Teilnehmer 100 Euro. Er muss seinem Mitspieler etwas abgeben, ihm also einen Teil der 100 Euro anbieten. Wenn der das Angebot ablehnt, bekommen beide nichts. Das Ergebnis: Die „Diktatoren“ bieten fast immer die Hälfte der Summe an oder nur wenig darunter. In der Sprache der Experimentellen Ökonomik: „Die Mehrheit der Experimentalteilnehmer verhält sich reziprok, d. h. sie belohnt faires Verhalten und bestraft unfaires Verhalten, selbst wenn dies mit Kosten verbunden ist.“[9]

Experimentelle Ökonomen haben diese Spiele immer wieder variiert und analysiert, auch um Fehlinterpretationen zu vermeiden. Insgesamt stellt sich heraus, dass die Mehrheit der Experimentalteilnehmer faires Verhalten belohnt und unfaires Verhalten bestraft (Reziprozität). Das bedeutet nun nicht, dass „reziproke“ Menschen über alle Maßen selbstlos und gütig und altruistisch sind. Sie „verhalten sich nur bei entsprechenden Erwartungen bzw. einem entsprechenden Umfeld kooperativ“[10]. Aber die Tatsache, dass Menschen – und zwar offensichtlich überwiegend – zu kooperativem Verhalten neigen, führt zu interessanten gesellschaftlichen Konsequenzen.

> Aus der Existenz des Homo reciprocans folgt, dass Gesellschaften und soziale Beziehungen über informelle Mechanismen zur Durchsetzung von Regeln und Normen verfügen, die mit den Annahmen des Homo oeconomicus nicht erklärbar sind. Diese zu formalen Durchsetzungsmechanismen komplementären Mechanismen bilden einen wesentlichen Teil des Sozialkapitals einer Gesellschaft.[11]

Wohlgemerkt: Kooperatives und eigennütziges Verhalten treten nicht unabhängig voneinander auf, Menschen handeln nicht per se egoistisch oder fair. In der Tat kann es – in Spielsituationen wie im richtigen Leben – strategisch günstig sein, sich kooperativ zu verhalten. In zahlreichen Versuchen hat sich gezeigt, dass die Menschen höchst selten nur an maximalem Gewinn orientiert sind, sondern vor allem

8 Vgl. dazu auch Klein 2010.

9 Falk 2003, S. 141.

10 Ebd., S. 170; vgl. auch S. 143: „Unter Reziprozität wird ein Verhalten subsumiert, bei dem freundliches oder kooperatives Verhalten belohnt und unkooperatives oder unfreundliches Verhalten bestraft wird.“

11 Ebd., S. 169.

auch darauf achten, dass sie – im Vergleich zu den Mitspielern – einen angemessenen Anteil abbekommen.

Mit anderen Worten: Es gibt sicherlich kein Gerechtigkeits*gen*, aber einen Gerechtigkeits*sinn*.[12] Für die meisten Menschen und ihr Alltagsverständnis ist das ohnehin eine selbstverständliche Aussage. Dass dieser Gerechtigkeitssinn eine zutiefst menschliche Eigenheit ist, zeigte der deutsche Humanökonom Ernst Fehr unter anderem in seinem Gummibärchen-Experiment. 229 Kinder im Alter zwischen drei und acht Jahren sollten spielerisch Süßigkeiten verteilen. Oder auch für sich behalten. Ergebnis: Drei- bis Vierjährige waren durch die Bank selbstsüchtig und behielten Gummibärchen und Smarties für sich. Im Alter von fünf bis sechs Jahren teilte schon ein Fünftel der Kinder und mit sieben bis acht Jahren teilte fast die Hälfte gerecht. In diesem Alter, so die Forscher, entwickeln Kinder einen ausgeprägten Gerechtigkeitssinn und sorgen dafür, dass ihr Spielpartner nicht mehr, aber auch nicht weniger bekommt als sie selbst.[13]

Solche Verhaltensweisen sind ohne Zweifel Ergebnisse unserer Entwicklungsgeschichte. Nicht nur an sich, sondern auch an andere zu denken, mit anderen zu teilen, das hatte schon für die Gemeinschaften aus Jägern und Sammlern lebenserhaltenden Sinn. Fairness, Kooperation und Gerechtigkeit sind Konzepte, die tief in uns verwurzelt, möglicherweise genetisch vorgeprägt sind, die wir uns aber entscheidend durch Erfahrung und Lernen aneignen. Das ist das Ergebnis der einschlägigen Forschungen.

Die Darwinisten und Soziobiologen haben also nicht völlig Unrecht. Der Erklärungsansatz der Verhaltensökonomen kann mit ihrer Position vermitteln: Wir fühlen uns besser, wenn wir mit anderen teilen, wenn wir ihnen helfen. Und dieses Wohlgefühl

> hat eine biologische Funktion. Wir essen und lieben, weil es Genuss bringt. Aber hinter dem Genuss steht das biologische Programm, das uns aufträgt, zu überleben und uns fortzupflanzen. In ähnlicher Weise führen uns soziale Emotionen wie Freundschaft, Scham, Großzügigkeit und Schuldgefühle dazu, biologischen Erfolg innerhalb komplexer sozialer Netzwerke zu erreichen.[14]

Seit über dreißig Millionen Jahren leben die Menschen und ihre Vorfahren in sozialen Verbänden, und sie haben gelernt, nicht nur ihrem eigenen Ego zu folgen, sondern Zusammenleben zu organisieren, „ein auf Gegenseitigkeit beruhendes Gemeinschaftsleben, also eine verinnerlichte Moral – ein Naturrecht im wahrsten Sinne des Wortes“[15].

12 Zum philosophischen Diskurs über Gerechtigkeit (auch im Zusammenhang mit der Kapitalismus-Diskussion) vgl. Zudeick 2009, S. 54–90.

13 Fehr et al. 2008, S. 1079.

14 Sigmund/Fehr/Nowak 2002, S. 59.

15 Ebd.

5 HUMANISMUS STATT KAPITALISMUS

Das System darf nicht angetastet werden. Eingriffe in den Markt sind gefährlich, ja tödlich, weil nur im Markt die Menschen ihre Ziele verwirklichen können und damit gleichzeitig das Gelingen des Ganzen garantieren. Und die Menschen tun das, was sie tun, weil sie eigennützige, rational handelnde Genmaschinen sind, die gar nicht anders können. Das sind die drei Grundannahmen, die den Kapitalismus definieren und stabilisieren. Sie sind unhaltbar, wie wir gesehen haben.

Aber unsere Ökonomen und Politiker tun immer noch so, als sei diese heilige Dreifaltigkeit unantastbar. Und in vielen Medien ist die grundsätzliche Ökonomisierung dieser Debatten auch noch längst nicht passé. Wenn im Fernsehen – ARD oder ZDF – der Börsenmann oder die Börsenfrau spricht, dann sind es immer noch die anonymen „Märkte", die man nicht verunsichern und ängstigen darf, weil sonst das System nicht mehr funktioniert, und zumindest in den Wirtschaftsteilen überregionaler Zeitungen kommt immer mal wieder der alte Glaube ans System hoch. Beispielhaft in der FAZ, wo ein Autor Ende Oktober 2012 auf der Wissenschaftsseite geradezu beschwörend kommentierte: „Der Homo oeconomicus lebt"[16]. Die These wird damit begründet, dass es zwar all die eben beschriebenen verhaltensökonomischen Untersuchungen gebe, aber kein neues Paradigma zu erkennen sei. Gut eine Woche später legt er im Wirtschaftsteil noch einmal kräftig nach und zitiert einen dieser Verhaltensökonomen mit der Einsicht, dass seine Zunft doch eine sehr junge Wissenschaft betreibe und man nicht glauben solle, da werde die neue Weltformel gefunden.[17]

Wer hat denn das behauptet? Es geht lediglich um die nun auch in die Ökonomie eindringende Erkenntnis, dass man das kapitalistische System nicht dadurch rechtfertigen kann, dass man den Menschen und sein Handeln und sein Streben nach Ausgleich und Gerechtigkeit unter ökonomische Kuratel stellt und behauptet: Die Welt ist so, wie sie ist, weil der Mensch so ist, wie er nun mal ist. Er ist eben nicht so: Weder reiner Egoist noch Homo oeconomicus noch Genmaschine. Die Philosophie hat das schon immer gewusst. Es wird Zeit, dass auch die klassischen Ökonomen und ihre Anhänger in Politik und Medien das allmählich begreifen.

BIBLIOGRAFIE

Bauer, Joachim (2006a): Aus der Werkstatt der Evolution. Neue Erkenntnisse über Gene. SWR2, 23.11.2006.

Bauer, Joachim (2006b): Prinzip Menschlichkeit. Hamburg.

Bauer, Joachim (2008): Das kooperative Gen. Hamburg.

Dawkins, Richard (2008): Das egostische Gen. Heidelberg.

Falk, Armin (2003): Homo oeconomicus versus Homo reciprocans: Ansätze für ein neues wirtschaftspolitisches Leitbild? In: Perspektiven der Wirtschaftspolitik 4 (2003), S. 141ff.

Fehr, Ernst et al. (2008): Egalitarianism in young children. In: Nature, Vol. 454, 29.08.2008, S. 1079–1083.

16 Pennekamp 2012b, S. 11.

17 Vgl. Pennekamp 2012a, S. 12.

Klein, Stefan (2010): Der Sinn des Gebens. Warum Selbstlosigkeit in der Evolution siegt und wir mit dem Egoismus nicht weiterkommen. Frankfurt.
Pennekamp, Johannes (2012a): Abschied von der Weltformel. In: Frankfurter Allgemeine Zeitung, 05.11.2012, S. 12.
Pennekamp, Johannes (2012b): Der Homo oeconomicus lebt. In: Frankfurter Allgemeine Zeitung, 26.10.2012, S. 11.
Sigmund, Karl/Fehr, Ernst/Nowak, Martin (2002): Teilen und Helfen – Ursprünge sozialen Verhaltens. In: Spektrum der Wissenschaft, 3/02. Heidelberg, S. 52–59.
Smith, Adam (2004): Theorie der ethischen Gefühle. Hamburg.
Smith, Adam (2005): Der Wohlstand der Nationen. Hamburg.
Voland, Eckart (2006): Blut ist dicker als Wasser. In: Frankfurter Allgemeine Zeitung, 24.05.2006, S. 34.
Wilson, Edward Osborne (1980): Biologie als Schicksal. München.
Zudeick, Peter (2009): Tschüss, Ihr da oben. Vom baldigen Ende des Kapitalismus. Frankfurt.

SINNLOSE WETTBEWERBE IN DER WISSENSCHAFT

Mathias Binswanger

1 EINLEITUNG

In der modernen Universität geht es nur noch am Rande um Erkenntnis, selbst wenn bei Sonntagsreden immer noch so getan wird, als ob dieses Ziel weiterhin im Vordergrund stünde. Moderne Universitäten sind einerseits Fundraising-Institutionen, die es darauf anlegen, möglichst viele Forschungsgelder für sich abzuzweigen. Und andererseits sind sie Publikationsfabriken, die versuchen ihren Publikationsoutput zu maximieren. Demzufolge ist der ideale Professor eine Mischung aus Fundraiser, Projektmanager und Vielpublizierer (entweder direkt oder als Mitautor bei von Mitarbeitern am Institut erstellten Publikationen), bei dem nicht die Suche nach Erkenntnis, sondern der messbare Beitrag zur wissenschaftlichen Exzellenz im Vordergrund steht.

Universitäten, die sich nach außen als großartige Tempel der wissenschaftlichen Exzellenz darstellen, sind auf diese Weise intern zu Kindergärten verkommen, wo Professoren sich gegenseitig mit Publikationslisten und der Menge eingeworbener Forschungsgelder zu übertrumpfen versuchen. Unter Ausschluss der Öffentlichkeit werden Projekt- und Publikationsolympiaden veranstaltet, wobei die Gewinner dann statt Medaillen mit Elite- und Exzellenzstatus, Befreiung von Lehrverpflichtungen und im „besten Fall" auch noch mit höheren Salären belohnt werden. Und das obwohl viele Projekte und Publikationen für den Rest der Menschheit nicht die geringste Bedeutung besitzen und diese „Wissenschaftsolympiaden" auch nicht annähernd den Unterhaltungswert von Olympischen Spielen besitzen.

Es sind vor allem zwei künstlich inszenierte Wettbewerbe, nämlich der Wettbewerb um möglichst viele Publikationen und der Wettbewerb um möglichst viele Forschungsgelder über sogenannte Drittmittelprojekte, die zur Produktion von Unsinn animieren (vgl. Binswanger 2010). Beide Indikatoren (Publikationen, Drittmittel), um welche die künstlichen Wettbewerbe veranstaltet werden, spielen bei heutigen Forschungsrankings eine zentrale Rolle. Der erste dieser Wettbewerbe, der Publikationswettbewerb, soll im Folgenden genauer analysiert werden. Anhand dieses Publikationswettbewerbs lässt sich schön aufzeigen, wie perverse Anreize entstehen und welche Folgen das für die Forschung aber auch allgemein für Wirtschaft und Gesellschaft mit sich bringt.

2 DER WETTBEWERB UM PUBLIKATIONEN IN WISSENSCHAFTLICHEN ZEITSCHRIFTEN: DAS PEER-REVIEW-VERFAHREN

In fast allen Wissenschaftsdisziplinen sind Publikationen der wichtigste und meistens auch der einzige messbare Output. Zwar spielen in einigen Naturwissenschaften und bei Ingenieuren auch Erfindungen bzw. Patente eine gewisse Rolle, doch dabei handelt es sich meist schon um stark angewandte Forschung. Grundlagenforschung manifestiert sich hingegen stets in Publikationen. Was ist also naheliegender, als den Output bzw. die Produktivität eines Wissenschaftlers oder eines Instituts anhand der Zahl der Publikationen zu messen. Denn ist es nicht so, dass viele Publikationen das Resultat von viel Forschung sind, die dann unser relevantes Wissen erhöhen? Und muss deshalb nicht jeder Wissenschaftler dazu angetrieben werden, möglichst viel zu publizieren, um so eine maximale „wissenschaftliche Produktivität" zu erreichen? Wer nur ein wenig Kenntnis von Universitäten und dem wissenschaftlichen Betrieb besitzt, kann diese Fragen sofort mit einem klaren Nein beantworten. Mehr Publikationen bewirken zwar eine Zunahme von beschriebenen Seiten, aber deren Zahl sagt nichts aus über die Bedeutung der Forschungsleistungen eines Wissenschaftlers oder einer Institution, genauso wenig wie die Zahl der gespielten Töne etwas über die Qualität eines Musikstücks aussagt.

Natürlich ist die Messung des wissenschaftlichen Outputs nicht ganz so primitiv, dass jede Publikation und damit jede mit wissenschaftlichem Inhalt beschriebene Seite als wissenschaftliche Leistung gezählt wird. Relevant sind Veröffentlichungen in Fachzeitschriften, bei denen die eingereichten Arbeiten einem „strengen" und „objektiven" Auswahlverfahren unterzogen werden, dem sogenannten „Peer-Review-Verfahren". Dieses soll sicherstellen, dass nur „qualitativ hochstehende" Arbeiten publiziert werden, die dann als „echte wissenschaftliche Publikationen" gelten. Bei dem unter Wissenschaftlern künstlich inszenierten Wettbewerb geht es genau gesprochen also darum, möglichst viele Artikel in akzeptierten wissenschaftlichen Zeitschriften (solchen mit Peer-Review-Verfahren) zu veröffentlichen.

Allerdings existieren auch unter den wissenschaftlichen Zeitschriften nochmals strikte Hierarchien, welche die durchschnittliche „Qualität" der angenommenen Artikel widerspiegeln sollen. Fast in jeder Wissenschaftsdisziplin gibt es einige wenige, mit Ehrfurcht betrachtete Top-Zeitschriften (A-Journals) und dann verschiedenen Gruppen, von nicht mehr ganz so hochstehenden Zeitschriften (B- oder C-Journals), bei denen man leichter einen Artikel unterbringt, wo die Publikation aber nicht mehr den gleichen Stellenwert wie in einem A-Journal-Artikel hat. Die Veröffentlichung seiner Arbeiten in einem A-Journal ist deshalb das wichtigste und oftmals einzige Ziel eines modernen Wissenschaftlers, denn damit steigt er in die Champions-League seiner Disziplin auf. Und gehört man einmal zu diesem illustren Club, dann wird es viel leichter, weitere Artikel in A-Journals zu publizieren, noch mehr Forschungsgelder zu bekommen, noch teurere Experimente durchzuführen, das eigene Institut noch mehr auszubauen und durch all diese Aktivitäten noch „exzellenter" zu werden. Der von dem Wissenschaftssoziologen Robert Merton

(1973) beschriebene, sich auf intrinsische Motivation stützende „Taste for Science“, der die Wissenschaftler eigentlich antreiben sollte, wurde so durch den extrinsisch motivierten „Taste for Publications“ ersetzt.

Was versteht man nun aber konkret unter Peer-Review-Verfahren? Wenn ein Wissenschaftler einen Artikel in einer wissenschaftlich anerkannten Zeitschrift veröffentlichen will, dann muss er ihn zuerst bei dem oder den Editors des Journals einreichen, bei denen es sich meist um bereits arrivierte Champions ihrer Disziplin handelt. Diese Editors haben allerdings in vielen Fällen keine Zeit, sich um das Tagesgeschäft „ihrer Zeitschrift“ zu kümmern, und deshalb gibt es noch einen weniger arrivierten und für den administrativen Ablauf zuständigen Managing Editor, der die Manuskripte von publikationsfreudigen Wissenschaftlern entgegennimmt und damit das Peer-Review-Verfahren in Gang setzt. Er gibt die eingereichten Manuskripte einem oder mehreren Professoren oder anderen anerkannten Wissenschaftlern (den sogenannten Peers) zur Begutachtung, die im Idealfall selbst auf dem gleichen Gebiet wie der Verfasser des Artikels arbeiten und deshalb in der Lage sein sollten, dessen Qualität zu beurteilen.

Um die „Objektivität“ der Gutachterurteile zu gewährleisten, wird die Begutachtung meist als Doppelblind-Verfahren durchgeführt. Das heißt, den Gutachtern wird nicht mitgeteilt, wer die Autoren des zu begutachtenden Artikels sind, und die Autoren erfahren nicht, von wem sie begutachtet wurden. Als krönenden Abschluss des Verfahrens teilen die Gutachter dem Editor dann schriftlich mit, ob sie auf Annahme (sehr selten), Überarbeitung oder Ablehnung des Artikels (am häufigsten) für die entsprechende Zeitschrift plädieren. Nicht wenige Top-Journals brüsten sich sogar mit ihren hohen Abweisungsraten, die angeblich die hohe Qualität dieser Journals widerspiegeln (Fröhlich 2007: 338). Bei solchen Zeitschriften sind die Abweisungsraten in der Größenordnung von 95 Prozent, was die Gutachter dazu animiert, eingereichte Manuskripte in fast allen Fällen abzulehnen, um dieses so wichtige „Qualitätsmaß“ zu verteidigen. Nur was die Gnade der Gutachter findet, wird publiziert, denn obwohl die letzte Entscheidung über die Publikation bei den Editors liegt, folgen diese im Allgemeinen den Gutachterempfehlungen.

Der Peer-Review-Prozess ist also eine Art Insider-Verfahren (auch Clan-Kontrolle genannt; Ouchi 1980), welches für außenstehende Laien wenig transparent ist. Die bereits arrivierten Wissenschaftler eines Faches beurteilen sich gegenseitig und vor allem auch die Newcomer und entscheiden darüber, was publikationswürdig ist und was nicht. Zwar wird der Anspruch erhoben, dass wissenschaftliche Publikationen letztlich der Allgemeinheit und damit auch allen nicht wissenschaftlich tätigen Menschen dienen, doch diese Allgemeinheit hat als eigentliche Nachfragerin von wissenschaftlichen Leistungen keinen Einfluss auf den Publikationsprozess. Die Peers entscheiden stellvertretend für den Rest der Menschheit, da diese die wissenschaftliche Qualität einer Arbeit kaum beurteilen können. Als Normalsterblicher weiß man im Allgemeinen weder, worum es in der modernen Forschung überhaupt geht, noch wie die Resultate zu interpretieren sind und warum diese für den Rest der Menschheit irgendeine Bedeutung besitzen. Zwar wissen die Wissenschaftler Letzteres häufig auch nicht, aber im Unterschied zu den Laien, wurden sie dazu ausgebildet, dieses Nichtwissen hinter wichtig klingendem wissenschaftlichem Jargon und formalen Modellen zu verbergen.

Betrachten wir die Entwicklung der Zahl der wissenschaftlichen Publikationen, dann scheinen Wissenschaftler tatsächlich immer mehr zu leisten. Weltweit hat die Zahl der wissenschaftlichen Artikel gemäß einer Zählung des Centre for Science and Technology Studies der Universität Leiden (vgl. SBF 2007: 12) stark zugenommen. So ist die Zahl wissenschaftlicher Publikationen in Fachzeitschriften weltweit von etwa 686.000 im Jahr 1990 auf etwa 1.260.000 im Jahr 2006 angestiegen, was einer Zunahme von 84 Prozent entspricht. Berechnet man daraus die jährliche Wachstumsrate, dann betrug diese über 5 Prozent. Die Zahl der wissenschaftlichen Publikationen wächst also schneller als die Weltwirtschaft und wesentlich schneller als die Produktion von Gütern und Dienstleistungen in den Industrieländern, aus denen die Publikationen zum allergrößten Teil stammen (vgl. OECD 2008a).

Der weitaus größte Anteil an der Weltproduktion von wissenschaftlichen Artikeln (alle Zahlen beziehen sich auf das Jahr 2006) kommt aus den USA (25 Prozent) gefolgt von England mit 6,9 Prozent. Aus Deutschland stammen 6,3 Prozent und aus der Schweiz 1,5 Prozent (vgl. SBF 2007: 13). Rechnet man die Artikel jedoch pro Kopf aus, dann wird die Schweiz zum weltweit führenden Land, da dort pro 1000 Einwohner 2,5 wissenschaftliche Artikel veröffentlich werden, während es in den USA 1,2 sind und in Deutschland ein Artikel (vgl. ebd.: 16). Das gleiche Bild ergibt sich, wenn man die Zahl der Publikationen auf die Zahl der Forschenden bezieht. In diesem Fall kommen in der Schweiz auf 1000 Forschende 725 Publikationen, während es in Deutschland 295 und in den USA 240 sind. In keinem andern Land werden also aus einem Durchschnittsforscher mehr Publikationen herausgepresst als in der Schweiz.

Sobald man damit beginnt, die Hintergründe dieser zunehmenden Publikationsflut zu untersuchen, verliert diese schnell ihren Glanz. Das liegt zu einem großen Teil schon am Peer-Review-Verfahren selbst. Dieses angeblich so objektive System zur Beurteilung der Qualität von Artikeln gleicht in Wirklichkeit für viele Autoren eher einem Zufallsprozess (vgl. Osterloh/Frey 2008). Eine kritische Bestandsaufnahme offenbart eine ganze Reihe von Tatsachen, die das Peer-Review-Verfahren als Qualitätssicherungsinstrument grundsätzlich in Frage stellen (vgl. Atkinson 2001; Osterloh/Frey 2008; Starbuck 2006). So zeigt sich allgemein, dass Gutachterurteile stark subjektiv gefärbt sind, da die Übereinstimmung der Urteile bei mehreren Gutachtern generell gering ist. Das liegt auch daran, dass längst nicht alle der meist mit eigenen Publikationen beschäftigten Peers die zu begutachtenden Artikel tatsächlich lesen und geschweige denn verstehen. Dazu ist die Zeit viel zu knapp und meist lohnt es sich auch gar nicht, da es wesentlich interessantere Lektüre gibt. Aus diesem Grund geben Gutachter die Artikel immer wieder an ihre Assistenten weiter, die dann das eigentliche Gutachten als Ghostwriter für ihren Chef in dessen Sinn verfassen dürfen (vgl. Frey et al. 2009). Kein Wunder, dass unter solchen Bedingungen sich im Nachhinein als wissenschaftlich wichtige Beiträge herausstellende Arbeiten häufig abgelehnt werden. So wurden in Topjournals immer wieder Artikel zurückgewiesen, die später hohe Preise und auch den Nobelpreis gewonnen haben. Umgekehrt werden hingegen Plagiate, Betrug und Täuschung durch das Peer-Review-Verfahren kaum je entdeckt (vgl. Fröhlich 2007: 339). Zudem beurteilen Gutachter, wen erstaunt es, Artikel besser, die ihre eigenen Arbeiten zustimmend zitieren, und weisen umgekehrt Arbeiten zurück, die ihnen widersprechen (vgl. Lawrence 2003: 260).

3 DURCH DAS PEER-REVIEW-VERFAHREN VERURSACHTE PERVERSE VERHALTENSWEISEN

Der Wettbewerb um Veröffentlichungen in wissenschaftlichen Zeitschriften führt aufgrund des eben beschriebenen Peer-Review-Verfahrens zu einer ganzen Reihe von perversen Anreizen. Als potenzieller Autor möchte man die Gutachter beeindrucken und für sich einnehmen, indem man alles nur denkbar Mögliche unternimmt, um ihnen zu gefallen. Für dieses Verhalten hat Frey (2003) zu Recht den Begriff der „Akademischen Prostitution" geprägt, die im Unterschied zur traditionellen Prostitution aber nicht durch eine natürliche Nachfrage, sondern durch einen künstlich inszenierten Wettbewerb zum Blühen gebracht wird. Im Einzelnen lassen sich dabei folgende Verhaltensweisen beobachten:

– *Strategisches Zitieren und Loben*
  Reicht man als Autor einen Artikel bei einer Zeitschrift ein, dann verleitet das Peer-Review-Verfahren dazu, sich als erstes zu überlegen, wer die möglichen Gutachter sein könnten, die zum gleichen oder einem ähnlichen Thema publiziert haben. Um diese Gutachter günstig zu stimmen, wird man sie möglichst alle zitieren bzw. ihre Arbeiten lobend erwähnen („a seminal contribution", „ingenious idea" etc.), denn welcher Wissenschaftler sieht sich nicht gerne erwähnt und im Literaturverzeichnis eines Artikels stehen? Doch ein zusätzliches Zitat ist für den potenziellen Gutachter auch deshalb von Nutzen, weil es wiederum sein eigenes Standing als Wissenschaftler verbessert. Kommt noch hinzu, dass die Editors bei der Suche nach möglichen Gutachtern oftmals in der Literaturliste am Schluss eines Artikels nachschauen, wer dafür in Frage käme, was das strategische Zitieren noch attraktiver macht. Umgekehrt wird man es als Autor tunlichst vermeiden, Arbeiten von möglichen Gutachtern zu kritisieren, denn das ist ein sicherer Weg zur Ablehnung. Auf diese Weise wird Kritik und die Infragestellung von bestehenden Ansätzen verhindert. Gefördert wird stattdessen die Replikation von bestehendem Wissen, indem bereits existierende Ansätze um weitere Modellvarianten oder zusätzliche empirische Untersuchungen angereichert werden.
– *Kein Abweichen von etablierten Theorien*
  In jeder wissenschaftlichen Disziplin gibt es einige Koryphäen, die im Moment den Ton angeben und meist gleichzeitig Editors von Top-Journals sind. Dies wiederum ermöglicht ihnen, abweichende Ansätze oder Meinungen von den von ihnen selbst etablierten oder vertretenen Theorien zu verhindern und den Status quo zu zementieren. Meist ist das aber gar nicht schwierig, da Autoren von vorneherein versuchen, sich den herrschenden Mainstream-Theorien anzupassen. Die Mehrheit von ihnen möchte ja einfach Artikel in Top-Journals ver-

öffentlichen, und das macht sie inhaltlich flexibel. Sie präsentieren konventionelle oder modische Ansätze, die wenig Widerspruch hervorrufen (Osterloh/ Frey 2008: 14). Einige Wissenschaften (z. B. die Ökonomie) sind auf diese Weise zu einer Art Theologie verkommen, wo Häresie in etablierten Zeitschriften nicht mehr geduldet wird. Diese findet nur noch in ein paar wenigen, auf abweichende Theorien spezialisierten, randständigen Zeitschriften statt, wo Publikationen aber kaum zum Ansehen eines Wissenschaftlers beitragen. Gerhard Fröhlich (2003: 34) schreibt dazu treffend: „In der Wissenschaft herrschen ähnliche Zustände wie in der katholischen Kirche: Zensur, Opportunismus und Anpassung an den Mainstream der Forschung. Es entsteht ein technokratisch durchgestyltes, lückenloses Bewertungs- und Hierarchiesystem, das den echten wissenschaftlichen Fortschritt behindert." In empirischen Wissenschaften überträgt sich das Festhalten an etablierten Theorien oft auch auf statistische Tests. Eine bestehende Theorie zu falsifizieren, ist mit geringen Publikationschancen verbunden, und es besteht demzufolge ein Anreiz, nur noch erfolgreiche Tests zu publizieren und die negativen Ergebnisse zu verschweigen (vgl. Osterloh/Frey 2008: 15).

– *Form wird wichtiger als Inhalt*
  Da inhaltlicher Fortschritt in den etablierten Zeitschriften aus den bereits genannten Gründen kaum stattfindet, hat sich die Innovation auf die Form verlagert. Banale Ideen werden zu hochkomplexen formalen Modellen aufgeblasen, welche das technische oder mathematische Know-how der Autoren demonstrieren und Wichtigkeit vortäuschen sollen. In vielen Fällen sind die Gutachter dann gar nicht in der Lage, diese Modelle zu beurteilen, denn sie haben weder Lust noch Zeit, sich tagelang damit zu beschäftigen. Da sie das aber nicht zugeben können, wird formale Brillanz im Zweifelsfall positiv bewertet, denn diese trägt meist zur Stützung herrschender Theorien bei. Sie hilft, diese gegen außenstehende Kritik zu immunisieren, so dass alle nicht auf dem gleichen Spezialgebiet tätigen Kollegen einfach glauben müssen, was in einem Modell oder Experiment „bewiesen" wurde. Mit der Formalisierung entfernen sich die Wissenschaften aber auch immer mehr von der Realität, da vorgetäuschte Präzision wichtiger wird als tatsächliche Relevanz. Der Biologe Christian Körner (2007: 171) schreibt dazu: „Je präziser die Aussage [eines Modells], umso weniger spiegelt diese in der Regel jene Skala der realen Gegebenheiten, die eine breite Öffentlichkeit interessiert, oder die für sie nutzbar ist und uns auch wissenschaftlich weiterbringt." Die Verdrängung von Inhalt durch Form wirkt sich dabei auch auf die Berufungspolitik aus. Der alte Typ des an seinem Fach aus innerem Antrieb interessierten und oftmals eigenwilligen Wissenschaftlers wird zunehmend abgelöst durch formal hochbegabte, stromlinienförmige Musterknaben und -frauen, die aber inhaltlich kaum etwas zu sagen haben.
– *Aushebelung der Anonymität durch Gutachternetzwerke*
  In der Theorie sollte das Peer-Review-Verfahren so ablaufen, dass die Publikationsmöglichkeiten für alle Autoren dieselben sind. Sowohl die Anonymität der Autoren als auch der Gutachter wäre dank des Doppelblindprinzips gewährleistet. Eine unter diesen Bedingungen stattfindende „echte" Konkurrenz wäre für

viele der etablierten Wissenschaftler an Top-Universitäten äußerst unangenehm und eine glatte Zumutung. Wozu hat man sich schließlich ein Leben lang abgerackert, wenn man sich denselben Bedingungen wie irgendwelche Newcomer unterwerfen muss? Die kritische Diskussion des Peer-Review-Verfahrens in der Zeitschrift Nature im Jahre 2007 zeigte jedoch deutlich, dass die Anonymität des Prozesses in der Praxis für die etablierten Wissenschaftler nur selten gegeben ist. Diese kennen sich untereinander und wissen schon vorher, welche Papers von Kollegen oder von mit diesen Kollegen assoziierten Wissenschaftlern eingereicht werden. Solche Gutachternetzwerke, die etwa in Research-Seminaren gepflegt werden, wo man sich gegenseitig neue Papers vorstellt, hebeln die Anonymität des Peer-Review-Verfahrens erfolgreich aus. Diese Tatsache erkennt man auch deutlich an der Herkunft der Wissenschaftler, die in Top-Journals publizieren. So zeigte eine Untersuchung der fünf Top-Zeitschriften in der Ökonomie (vgl. Frey et al. 2009: 153), dass von den im Jahr 2007 publizierten 275 Artikel 43 Prozent von Wissenschaftlern einiger paar wenigen amerikanischen Top-Universitäten stammten (Harvard, Yale, Princeton, MIT, Chikago, Berkeley, Stanford). Die Professoren dieser Universitäten sind als Autoren de facto gesetzt und schreiben sich gegenseitig positive Gutachten über ihre zur Veröffentlichung eingereichten Artikel. Die übrigen Wissenschaftler müssen sich dann einen mühsamen Wettbewerb um die paar Restplätze liefern. Es gilt, was George Orwell in seinem Buch „Farm der Tiere“ schon für diese festgestellt hatte: alle Autoren sind gleich, aber einige sind gleicher als die andern.

– *Rache frustrierter Gutacher*
  Letztlich ist der ganze Publikationsprozess für viele Wissenschaftler eine mühsame und demütigende Erfahrung. Ständig werden eingereichte Arbeiten abgelehnt, und das häufig aus für den Autoren wenig nachvollziehbaren Gründen. Man muss schon froh sein, wenn die Gutachter die Gnade besitzen, einem Empfehlungen zur Überarbeitung des Artikels zu machen. In diesem Falle darf (in Wirklichkeit „muss“) man den Artikel nach den Wünschen der Gutachter zurechtstutzen, um ihn dann schließlich doch noch publiziert zu bekommen. Freude bereitet das allerdings kaum, denn nicht selten erfolgt diese Überarbeitung „contre coeur“. Kein Wunder deshalb, dass viele Gutachter gleichzeitig selbst frustrierte Autoren sind, die jetzt unschuldigen Drittautoren heimzahlen können, was sie selbst an Demütigungen erlitten haben (Frey et al. 2009: 153). „Diese sollen es auch nicht besser haben als wir selbst, und die müssen nicht meinen, so leicht zu einer Publikation zu kommen“, lautet der Tenor. Aus diesem Grund werden Artikel häufig auch aus persönlicher Missgunst abgelehnt, und der angeblich objektive Wettbewerb um Publikationen wird zur subjektiven Abrechnung – ganz besonders dann, wenn es um Ansätze geht, die den Gutachtern verhasst sind (in Wirklichkeit ist es oft der dahinter stehende Professor).

Die durch das Peer-Review-Verfahren gesetzten perversen Anreize sorgen dafür, dass die ständig steigende Zahl von in wissenschaftlichen Zeitschriften veröffentlichten Artikeln nur selten zu neuen oder originellen Einsichten führt und wirklich neue Ideen praktisch nie in arrivierten Zeitschriften auftauchen. Diese finden sich viel eher in Büchern oder Arbeitspapieren, wo keine Pseudoqualitätskontrolle originelle Einsichten verhindert. Zwar verhindert das Peer-Review-Verfahren auf der einen Seite die Publikation von offensichtlich schlechten Artikeln, aber es fördert die Publikation von formal und sprachlich komplex dargestelltem Unsinn. Die zunehmende inhaltliche Irrelevanz ist das Resultat des künstlich inszenierten Wettbewerbs um Publikationen in Fachzeitschriften.

4 DER WETTBEWERB UM TOPRANKINGS DURCH MÖGLICHST VIELE PUBLIKATIONEN UND ZITATE

Trotz der großen Schwierigkeiten, Artikel in Fachzeitschriften zu veröffentlichen, steigt die Zahl der Publikationen ständig an, da es gleichzeitig auch immer mehr Zeitschriften gibt. Diesen Publikationen kommt sowohl bei den Rankings der einzelnen Wissenschaftler als auch von Instituten und Universitäten eine enorme Bedeutung zu. Und wenn sich junge Wissenschaftler auf Professorenstellen bewerben, dann ist die Publikationsliste fast das einzige Kriterium, welches für den Berufungsentscheid eine Rolle spielt. Kein Wunder also, dass Wissenschaftler alles daran setzen, trotz des mühsamen Peer-Review-Verfahrens möglichst viel zu veröffentlichen. Die Frage, was man wo mit wem in einer Fachzeitschrift publizieren kann, ist für den modernen Wissenschaftler zum Lebensinhalt geworden. Publikationsprobleme bereiten ihm schlaflose Nächte, und umgekehrt ist die Annahme eines Artikels in einem Top-Journal das absolut Größte. Und dies alles, obwohl die meisten dieser Publikationen für außenstehende Laien nicht die geringste Bedeutung besitzen. In den meisten Artikeln könnte auch das Gegenteil von dem „bewiesen“ werden, was dort steht, und es würde nichts am Gang der Welt ändern.

Wie findet die Zahl der Publikationen nun aber konkret Eingang in die Bewertung und die Rankings von Wissenschaftlern und ihren Institutionen? Auf den ersten Blick scheint das ganz einfach: man zählt einfach alle in wissenschaftlichen Zeitschriften publizierten Artikel (oder die Seitenzahl) eines Wissenschaftlers zusammen und kommt dann auf die Zahl seines relevanten Publikationsoutputs. Doch da gibt es ein Problem. Wie wir schon gesehen haben, unterscheiden sich die Zeitschriften erheblich in Bezug auf ihre wissenschaftliche Reputation, und ein Artikel in einem A-Journal gilt viel mehr als ein Artikel in einem B- oder C-Journal. Also muss man irgendwie die unterschiedliche Qualität der Zeitschriften berücksichtigen, um so zu einem „fair“ bewerteten Publikationsoutput zu kommen. Zu diesem Zweck hat sich eine ganz neue Wissenschaft, die sogenannte Bibliometrie oder Szientometrie, entwickelt, die sich mit nichts anderem beschäftigt, als den Publikationsoutput von Wissenschaftlern zu messen und zu vergleichen. Diese Wissenschaft hat inzwischen ihre eigenen Professoren und ihre eigenen Journals, und die Messungen werden demzufolge auch immer komplexer und undurchsichtiger, was dann wiederum noch mehr bibliometrische Forschung rechtfertigt.

Das wichtigste Werkzeug bibliometrischer Untersuchungen sind Zitatanalysen, die den Zweck haben, die Zitierungshäufigkeit von Zeitschriftenartikeln zu ermitteln. Dadurch soll die Wirkung von wissenschaftlichen Artikeln erfasst werden. Die dahinter stehende Überlegung ist einfach: wer viel zitiert wird, wird viel gelesen, und was viel gelesen wird, ist qualitativ hochstehend. Also kann man die Zitierungshäufigkeit als Qualitätsindikator eines Artikels verwenden und schon hat man ein quantitatives Maß für die Qualität gefunden. Dieses Qualitätsmaß lässt sich dann dazu verwenden, die in verschiedenen Zeitschriften veröffentlichten Artikel zu gewichten. So erhält man eine „objektive" Zahl für den Publikationsoutput jedes Wissenschaftlers und jeder Wissenschaftlerin, die sich leicht vergleichen und für Rankings verwenden lässt. Das wird denn auch eifrig getan, und teilweise verwenden Universitätsverwaltungen schon mehr Energie und Aufwand für diese Vergleiche als für die eigentliche Forschung.

Das aus Mathematikern und Statistikern zusammengesetzte internationale Joint Commitee on Quantitative Assessment of Research spricht in einem Report aus dem Jahre 2008 von einem Zahlenfetischismus („Culture of Numbers") (Adler et al. 2008: 3) und fasst seine Einschätzung der Situation folgendermaßen zusammen (Übersetzung durch den Autor):

> Das Bestreben nach messbaren und transparenten Beurteilungsverfahren in der akademischen Welt hat einen Zahlenfetischismus geschaffen, der zu dem Glauben verleitet, dass faire Entscheide durch algorithmische Evaluation von statistischen Daten gefällt werden können. Da man Qualität nicht messen kann (das letzte Ziel), wird diese durch messbare Zahlen ersetzt. [...] Das ausschließliche Vertrauen auf Zitierungsdaten kann bestenfalls ein bruchstückhaftes und meist nur oberflächliches Verständnis von Wissenschaft vermitteln.

Hier handelt es sich um eine Warnung von Experten, die eigentlich keinen Grund hätten, bibliometrische Verfahren zu kritisieren, da ihnen diese ganz neue Anwendungsmöglichkeiten bietet. Auch die Deutsche Forschungsgemeinschaft (DFG 2002) warnte vor einigen Jahren vor dem blinden Vertrauen in quantitative Maßzahlen:

> Quantitative Indikatoren sind bequem, wirken objektiv und sind [...] von einer Aura schwer bestreitbarer Autorität umgeben. Gleichwohl ist das naive Vertrauen in Zahlenwerte ein verhängnisvoller Irrglaube, dem entgegenzuwirken sich jede Fakultät, die Respekt vor ihren Maßstäben bewahrt hat, zur Aufgaben machen sollte.

Trotz all dieser Warnungen wird aber mit akribischer Energie und viel staatlicher Unterstützung daran gearbeitet, bibliometrische Messungen weiter voranzutreiben. Das geschieht natürlich auch aus Bequemlichkeit, weil man sich in diesem Fall nicht mehr um den Inhalt einer Publikation kümmern und sie deshalb auch nicht mehr lesen muss. Es braucht nur noch eine quantitative Zahl zur Beurteilung eines Wissenschaftlers oder eines Instituts, was sowohl den Universitätsverwaltungen als auch der Politik sehr entgegenkommt. Die britische Regierung gebärdet sich dabei einmal mehr als Vorreiterin beim Kampf für noch mehr Wettbewerb in der Wissenschaft und beschloss, sich ab dem Jahr 2009 bei der Beurteilung von universitärer Forschung nur noch auf bibliometrisch ermittelte Zahlen zu stützen (vgl. Evidence Report 2007: 3). Und auch die Wissenschaftler selbst machen häufig freudig mit bei diesem Evaluationszirkus. Die gleichen Forscher, die in ihren Artikeln hochkomplexe Argumente für oder wider bestimmte statistische Methoden aufführen, werden, sobald es um ihre eigene wissenschaftliche Leistung geht, zu naiven und kritiklosen Anwendern von Publikations- und Zitierungsstatistiken. Man kann eben nicht überall hohe Standards anlegen, vor allem dann nicht, wenn es um das eigene Ranking geht.

Allerdings sind die Übereinstimmungen zwischen verschiedenen Publikations-Rankings gering, da unterschiedliche Qualitätsmaße zu ganz unterschiedlichen Ergebnissen führen (vgl. z. B. Frey/Rost 2008; Maasen/Weingart 2008). Aber auch da haben besonders „clevere" Forscher eine Lösung gefunden (vgl. Franke/Schreier 2008). Wenn Rankings nicht zu eindeutigen Ergebnissen führen, dann berechnet man aus den verschiedenen Ergebnissen einfach einen gewichteten Durchschnittswert. Mit andern Worten, man bastelt aus allen existierenden Rankings ein Meta-Ranking und hat dann wieder ein eindeutiges Resultat. Und wenn es dann in Zukunft auch mehrere Meta-Rankings geben sollte, dann lässt sich auch noch ein Meta-Meta-Ranking konstruieren! Wissenschaftliche Exzellenz in Reinkultur!

Ein Maß, welches es den Zahlenfetischisten besonders angetan hat, ist der sogenannte Impact-Faktor, der heute in großem Stil dazu verwendet wird, die „Qualität" von Zeitschriften zu berechnen. Der Impact-Faktor einer bestimmten Zeitschrift ist ein Quotient, bei dem im Zähler die Anzahl der Zitate in einer Reihe ausgewählter Zeitschriften angegeben ist, die in einem bestimmten Jahr auf Artikel entfielen, welche über einen Zeitraum (meist über die letzten zwei Jahre) in der Zeitschrift erschienen sind. Im Nenner steht die Gesamtzahl der innerhalb des gleichen Zeitraums in der Zeitschrift publizierten Artikel. Ist der Impact-Faktor einer Zeitschrift im Jahr 2010 beispielsweise 1,5, dann bedeutet dies, dass ein in dieser Zeitschrift in den Jahren 2008 und 2009 erschienener Artikel im Jahr 2010 im Durchschnitt 1,5 mal zitiert wurde.

Die heute in der Wissenschaft verwendeten Impact-Faktoren werden jährlich von der amerikanischen Firma Thomson Scientific ermittelt und dann in den Journal Citation Reports veröffentlicht. Thomson Scientific besitzt de facto ein Monopol zur Berechnung von Impact-Faktoren, die sich für Außenstehende weitgehend als Black Box darstellt und in letzter Zeit auch immer wieder angezweifelt wurde (vgl. etwa Rossner et al. 2007). „Die Wissenschaften haben es zugelassen von Thomson Scientific gegängelt zu werden." (Winiwarter/Luhmann 2009: 1) Das ist umso absurder, als man einerseits nicht müde wird, den Segen des Wettbewerbs zu predigen, aber andererseits ein Monopol zulässt, welches es Thomson Scientific erlaubt, seine nach Geheimrezept fabrizierten Impact-Faktoren gewinnbringend an wissenschaftliche Institutionen zu verkaufen, obwohl in vielen Wissenschaften weniger als 50 Prozent der heute existierenden wissenschaftlichen Zeitschriften in die Berechnung eingehen.

5 DURCH DAS RANKING AUFGRUND VON PUBLIKATIONEN UND ZITATEN VERURSACHTE PERVERSE VERHALTENSWEISEN

Der Wettbewerb um Toprankings durch möglichst viele Publikationen und Zitate sorgt zusätzlich zu den schon beschriebenen perversen Anreizen aufgrund des Peer-Review-Verfahrens selbst für weitere perverse Verhaltensweisen. Im Einzelnen lassen sich folgende Entwicklungen beobachten:

- *Salamitaktik*
  Da das oberste Ziel darin besteht, den Forschungsoutput zu maximieren, versuchen Forscher aus wenig möglichst viel zu machen und wenden die sogenannte „Salamitaktik" an. Neue Ideen oder Datensätze werden so dünn wie Salamischeiben aufgeschnitten, um die Anzahl der Publikationen zu maximieren (vgl. Weingart 2005). Aus bescheidenen Ideen werden künstlich komplexe Modelle oder Ansätze konstruiert, um so einen ganzen Artikel füllen zu können. Und danach lassen sich dann durch Varianten dieser Modelle und Ansätze weitere Publikationen erstellen. Kein Wunder, dass auch aus diesem Grund Artikel im Durchschnitt inhaltlich immer dünner, nichtssagender und redundanter werden. So fällt es zunehmend schwer, die wirklich interessanten und neuen Ideen unter dem Haufen von irrelevanten Publikationen zu finden. Und gleichzeitig wird eine Vielfalt vorgetäuscht, die in Wirklichkeit gar nicht existiert. Das kann für die Allgemeinheit sogar gefährliche Folgen haben, denn wenn etwa mehrere Artikel ein neues Medikament als sicher darstellen, sich aber alle diese Arbeiten auf das gleiche Experiment stützen, wiegt man die Öffentlichkeit in einer (häufig gewollten) falschen Sicherheit (vgl. Six 2008).
  Die extremste Form der Outputvervielfachung besteht darin, das gleiche Ergebnis zwei oder mehrmals zu publizieren. Eine solche Duplizierung des eigenen Forschungsoutputs, die eigentlich streng verboten ist, erweist sich in der Realität als ein durchaus effizientes Mittel um die eigene Forschungsproduktivität zu erhöhen. Wie wir oben gesehen haben, versagt das Peer-Review-Verfahren häufig bei der Entlarvung solcher Doppelpublikationen. So gaben etwa bei einer anonymen Umfrage unter etwas über 3000 amerikanischen Wissenschaftlern aus dem Jahr 2002 immerhin 4,7 Prozent zu, dasselbe Ergebnis mehrfach publiziert zu haben (vgl. ebd.).
- *Zunahme der Autorenzahl bei Artikeln*
  Es lässt sich beobachten, dass die Zahl der Autoren bei in wissenschaftlichen Zeitschriften veröffentlichten Artikeln in den letzten Jahrzehnten stark angestiegen ist. So ist beispielsweise im Deutschen Ärzteblatt die durchschnittliche Zahl der Autoren pro Artikel von eins im Jahr 1957 auf 3,5 im Jahr 2008 angestiegen (vgl. Baethge 2008). Das liegt zum einen daran, dass vor allem in den Naturwissenschaften Experimente immer aufwendiger werden und vermehrt von Teams und nicht mehr von einzelnen Forschern durchgeführt werden. Eine Auswertung von internationalen Fachzeitschriften ergab, dass die durchschnittliche Autorenzahl heute in der Medizin mit 4,4 am höchsten ist, gefolgt von der Physik mit 4,1. In der Psychologie sind es durchschnittlich 2,6 Autoren, wäh-

rend in der nach wie vor experimentfreien Philosophie im Durchschnitt nur 1,1 Autoren für einen Artikel verantwortliche zeichnen (vgl. Wuchty et al. 2007). Die verstärkte Forschung in Teams ist aber nur ein Grund für die ständige Zunahme der Autoren für einen Artikel. Der andere Grund liegt in dem Anreiz, möglichst viel zu publizieren und möglichst oft zitiert zu werden. Also versuchen vor allem diejenigen, die eine gewisse Macht in der wissenschaftlichen Hierarchie besitzen (Professoren, Institutsleiter), diese in dem Sinne zu nutzen, dass sie bei allen Publikationen ihrer Forschungsteams auch mit draufstehen. Und je größer das Team, umso mehr Publikationen entstehen, bei denen eine solche „Ehrenautorschaft" möglich ist. Umgekehrt kann es für junge Wissenschaftler in bestimmten Fällen durchaus attraktiv sein, einen bekannten Professor als Mitautor aufzuführen, da dies die Publikationschancen dank der faktischen Aushebelung der Anonymität beim Peer-Review-Verfahren verbessert.
Besser als von „Ehrenautorschaft" wäre es allerdings in vielen Fällen von „erpresster Ko-Autorschaft" zu sprechen, wie Timo Rager in einem Ende 2008 veröffentlichten Leserbrief an die NZZ (27./28. Dezember 2008) schrieb. Dort lesen wir: „[Erpresste Ko-Autorschaft] [...] ist selbst an renommierten Institutionen des ETH-Bereichs oder der Max-Planck-Gesellschaft anzutreffen. Wer dagegen aufbegehrt, riskiert seine wissenschaftliche Karriere." So haben wir neben den echten Autoren von wissenschaftlichen Artikeln auch immer mehr Phantomautoren, die in Wirklichkeit gar nichts zu einem Artikel beigetragen haben, aber die Zahl ihrer Publikationen erhöhen wollen. In der Medizin scheint dieser Trend besonders ausgeprägt zu sein, was auch die dort durchschnittlich so hohe Zahl der Autoren erklärt. Bezogen auf die Artikel des Jahres 2002 war jeder zehnte Name in der Autorenliste des British Medical Journal und jeder fünfte in den Annals of Internal Medicine unberechtigt aufgeführt (vgl. Baettge 2008). Und 60 Prozent aller Artikel in den Annals of Internal Medicine zierte mindestens ein „falscher" Verfasser. So haben wir heute Klinikdirektoren mit über 50 Publikationen pro Jahr (vgl. Six 2008), was selbst bei 24 Stunden Arbeit pro Tag nicht mehr zu bewerkstelligen wäre.
Mit der Zahl der Ko-Autoren wächst aber nicht nur die Publikationsliste der beteiligten Verfasser eines Artikels, sondern auch die Zahl direkter und indirekter „Selbst-Zitationen" (Fröhlich 2008), womit ein Schneeballeffekt ausgelöst wird. Je mehr Autoren ein Artikel hat, umso mehr werden alle beteiligten Autoren diesen Artikel wieder zitieren, und das vor allem dann, wenn sie wieder als Ko-Autoren bei einem andern Artikel beteiligt sind. Doch nicht nur das. „Publiziere ich einen Artikel mit fünf KoautorInnen, haben wir sechsmal mehr Freunde, die uns zitieren." (Ebd.)

– *Immer größere Spezialisierung*
  Um diesem enormen Publikationsbedarf nachzukommen, werden ständig neue Zeitschriften gegründet für immer feiner untergliederte Teilgebiete eines Fachs. So wird die Gesamtzahl der heute weltweit existierenden Fachzeitschriften auf 100.000 bis 130.000 geschätzt (vgl. Mocikat 2009) und jedes Jahr kommen neue dazu. Indem man sich immer mehr spezialisiert und zum Fachidioten wird, verbessert man auf diese Weise seine Publikationschancen (vgl. Frey et

al. 2009). Am besten man ist Spezialist für ein ganz exotisches, aber wichtig klingendes Thema, das nur ein paar ganz wenige Insider verstehen und für das es eine eigene Zeitschrift gibt. Dort können sich dann die wenigen Spezialisten dieses Spezialthemas gegenseitig positive Gutachten über ihre zu publizierenden Artikel schreiben.
Nehmen wir nur einmal das Thema Wein: Da gibt es das „Journal of Wine Economics", das „International Journal of Wine Business Research", das „Journal of Wine Research", das „International Journal of Wine Marketing" und so weiter. All das sind wohlgemerkt wissenschaftliche Zeitschriften, die nicht einfach Empfehlungen für bestimmte Weine abgeben, sondern sich auf „hochwissenschaftlichem" Niveau mit speziellen Fragen der Weinökonomie, des Weinmarketings oder des Weinvertriebs beschäftigen. Wahrscheinlich werden wir bald auch noch gesonderte Zeitschriften für Rotweinökonomie und Weißweinökonomie haben und das „Journal of Wine Psychology" lässt sicher nicht mehr lange auf sich warten.

– *Fälschungen und Betrug*
  Last but not least führt der ganze Wettbewerb um möglichst viele Publikationen und Zitierungen auch zu Betrug und Fälschungen. „Je stärker der Produktivitätsdruck wird, umso wahrscheinlicher wird es, dass zu unsauberen Methoden gegriffen wird." (Fröhlich 2008) Wer auf Teufel komm raus Vielschreiberei fördert und belohnt, erhält diese auch, aber nicht mehr mit sauberen Mitteln. Die Annahme, dass wissenschaftliche Hochschulen der Wahrheitssuche verpflichtet sind (vgl. Wehrli 2009), ist heute weitgehend Fiktion. Universitäten fühlen sich nur noch der „Exzellenz" verpflichtet und diese erhält man nicht mit Wahrheitssuche, sondern mit Publikationen. So ist es kein Wunder, dass in letzter Zeit vermehrt Betrugsfälle an die Öffentlichkeit gelangten. Ein gutes Beispiel ist der 1970 geborene ehemalige deutsche Physiker Jan-Hendrik Schoen, der bis zu der Entdeckung des Betrugs als Deutsches-Exzellenz-Wunderkind gefeiert wurde. Ihm glaubte man so großartige „Entdeckungen" wie den ersten organischen Laser oder den ersten Licht emittierenden Transistor zu verdanken und überhäufte ihn demzufolge mit wissenschaftlichen Preisen. Auf dem Höhepunkt seiner Karriere, als 31-jähriger Jungstar an den Bell Laboratories in den USA, veröffentlichte er im Schnitt alle acht Tage einen Fachartikel, davon 17 in hochangesehenen Zeitschriften wie Nature oder Science. Dass ein Normalsterblicher, so lange es mit rechten Dingen zugeht, gar nicht in der Lage ist, einen solchen Output zu erbringen, schien zunächst niemandem aufzufallen, und das offizielle Deutschland war stolz, dass ein Landsmann bei den weltbesten Forschern ganz vorne mitmischte. Erst später kamen einigen Kollegen Zweifel und bald erwiesen sich die Meßdaten zu einem großen Teil als gefälscht oder die Ergebnisse waren einfach auf dem Computer simuliert worden. Das interessante dabei ist, wie Eugenie Samuel Reich (2009) in ihrem Buch Plastic Fantastic über diesen Betrugsfall schreibt, dass diese Fälschungen wahrscheinlich gar nie entdeckt worden wären, hätte Schoen mit dem Publizieren nicht so maßlos übertrieben. Er wäre heute vermutlich ein angesehener Professor an einer Top-Universität und Teil eines Exzellenzclusters.

Betrugsfälle wie dieser betreffen vor allem die Naturwissenschaften, wo Resultate von Experimenten beschönigt oder einfach erfunden werden. In den Sozialwissenschaften hat man sich in vielen Fällen hingegen bereits so weit von der Realität entfernt, dass es meist gar keine Rolle mehr spielt, ob ein Resultat gefälscht ist oder nicht. Es ist so oder so irrelevant.

6 SCHLUSSFOLGERUNGEN

Der Gesamteffekt all dieser perversen Anreize besteht darin, dass Wissenschaftler immer mehr Unsinn produzieren, der nichts zu einem echten wissenschaftlichen Fortschritt beiträgt. Und weil die Artikel inhaltlich immer wirklichkeitsferner, belangloser und langweiliger daherkommen, werden sie auch immer weniger gelesen. Daran ändert auch die Zunahme der Zitierungen nichts, denn die meisten Arbeiten werden, so wird vermutet, ungelesen zitiert, wie sich anhand von übernommenen Fehlern aufzeigen lässt (vgl. Simkin/Rowchowdhury 2005). Hier haben wir das Paradox, dass immer mehr Rankings von Artikeln auftauchen, die Artikel selbst aber immer weniger Leser finden. Und weil dem so ist, produzieren Wissenschaftler noch mehr Artikel und lesen noch weniger. Das ganze ist ein Teufelskreis, der zu einer rasanten Zunahme von Publikationsmüll führt. Früher publizierten diejenigen, die nichts zu sagen hatten, wenigstens nichts. Doch heute werden durch den künstlich inszenierten Wettbewerb auch aus jedem phantasielosen und mittelmäßigen Wissenschaftler massenhaft Publikationen herausgepresst. Nicht-Leistung wurde durch die Leistung von Unsinn ersetzt. Und das ist schlimmer, denn aus diesem Grund wird es immer schwieriger, das Wesentliche aus der Masse von unwesentlichen Publikationen herauszufiltern.

BIBLIOGRAFIE

Atkinson, M. (2001): „Peer Review“ Culture. Science and Engineering Ethics 7, S. 193–204.

Binswanger, M. (2010): Sinnlose Wettbewerbe. Freiburg: Herder Verlag.

DFG (2002): Perspektiven der Forschung und ihre Förderung. Aufgaben und Finanzierung 2002–2006. Weinheim: Wiley-VCH.

Evidence Report (2007): The use of bibliometrics to measure research quality in the UK higher education system. A report produced for the Research Policy Committee of Universities, UK, by Evidence Ltd.

Franke, N./Schreier, M. (2008): A Meta-Ranking of Technology and Innovation Management/Entrepreneurship Journals. Die Betriebswirtschaft, S. 185–216.

Frey, B. S. (2003): Publishing as prostitution? – Choosing between one’s own ideas and academic success. Public Choice 116, S. 205–223.

Frey, B. S./Eichenberger, R./Frey, R. (2009): Editorial Ruminations: Publishing Kyklos. Kyklos Vol. 62, No. 2, S. 151–160.

Frey, B. S./Rost, K. (2008): Do rankings reflect research quality? IEW Working Paper Nr. 390. Universität Zürich.

Fröhlich, G. (2006): Evaluation wissenschaftlicher Leistungen: 10 Fragen von Bruno Bauer an Gerhard Fröhlich. Schweizerische Gesellschaft für Strahlenbiologie und Medizinische Physik: SGSMP Bulletin 2/2006, Nr. 60, August 2006, S. 15–18.

Fröhlich, G. (2007): Peer Review und Abweisungsraten. Lehre & Forschung 6, S. 338–339.
Körner, C. (2007): Die Naturwissenschaft im Spannungsfeld zwischen individueller Kreativität und institutionellen Netzen. In: Berka, W./Schmidinger, H. (Hrsg.): Vom Nutzen der Wissenschaften. Wien: Böhlau Verlag, S. 169–181.
Lawrence, P. A. (2003): The politics of publication – authors, reviewers, and editors must act to protect the quality of research. Nature 422, S. 259–261.
Maasen, S./Weingart, P. (2008): Unternehmerische Universität und neue Wissenschaftskultur. In: Matthies, H./Simon, D. (Hrsg.): Wissenschaft unter Beobachtung. Effekte und Defekte von Evaluationen. Leviathan Sonderheft 24, S. 141–160.
Mäder, C. (2009): Exzellenz und Transzendenz: Bildungsinstitutionen im Fadenkreuz symbolischer Krezzüge. Schweizerische Gesellschaft für Soziologie Bulletin 136, S. 12–15.
Mittelstrass, J. (2007): Begegnungen mit Exzellenz. Impulsreferat für das Symposium „Exzellenz – was fördert und was hindert sie?“, Basel, 14.09.2007.
Mocikat, R. (2009): Die Diktatur der Zitatenindizes: Folgen für die Wissenskultur. Gaia 18/2, S. 100–103.
Münch, R. (2009a): Globale Eliten, lokale Autoritäten. Bildung und Wissenschaft unter dem Regime von PISA. McKinsey & Co. Frankfurt: Suhrkamp.
Münch, R. (2009b): Entkopplung, Kolonisierung, Zielverschiebung. Wissenschaft unter dem Regime des Exzellenzwettbewerbs zwischen Universitäten. Schweizerische Gesellschaft für Soziologie Bulletin 136, S. 8–11.
OECD (2008a): Science and Engineering Indicators.
OECD (2008b): Science, Technology and Industry Outlook.
Osterloh, M./Frey, B. S. (2008): Anreize im Wissenschaftssystem. CREMA Research Paper, Universität Zürich.
Ouchi, W. G. (1980): Markets, bureaucracies and clans. Administrative Science Quarterly, 25, S. 129–141.
Reich, E. S. (2009): Plastic Fantastic: How the Biggest Fraud in Physics Shook the Scientific World. New York: Palgrave McMillan.
Rossner, M./van Epps, H./Hill, E. (2007): Show me the data. Journal of Experimental Medicine 204, S. 3052–3053.
SBF (2007): Bibliometrische Untersuchung zur Forschung in der Schweiz. Bericht des Staatssekretariats für Bildung und Forschung, Bern.
Schatz, G. (2001): How can we improve European Research? Unveröffentl. Manuskript der Antrittsrede des Präsidenten des Schweizerischen Wissenschaftsrates, Bern.
Simkin, M. V./Roychowdhury, V. P. (2005): Stochastic modeling of citation slips. Scientometrics 62(3), S. 367–384.
Six, A. (2008): Schreibkrampf unter Forschern. NZZ am Sonntag, 06.07.2008, S. 67.
Starbuck, W. H. (2006): The Production of Knowledge. The Challenge of Social Science Research. Oxford: Oxford University Press.
Wehrli, C. (2009): Das hohe Gut wissenschaftlicher Redlichkeit. NZZ, 23.09.2009, S. 13.
Weingart, P. (2005): Impact of bibliometrics upon the science system: Inadvertent consequences? Scientometrics 62, S. 117–131.
Winiwarter, V./Luhmann, H. J. (2009): Die Vermessung der Wissenschaft. Gaia, 18/1, S. 1.
Wuchty S./Jones, B. F./Uzzi, B. (2007): The increasing dominance of teams in production of knowledge. Science 316, S. 1036–1039.

THE COMMODIFICATION OF THE SELF: THE CASE OF LIFE COACHING

Mattan Shachak

1 INTRODUCTION

Karl Marx claims that commodification processes of goods and labor in Industrial Capitalism result in alienation and commodity fetishism. In other words, the structure of capitalist production demands that we view labor power and goods as economic objects of exchange which are ruled by the laws of the market, and undermine and conceal the social relations that lie at their basis. In late-modern capitalism, commodification processes and market culture come to encompass immaterial commodities, a wide service economy and a prospering consumer culture. Market culture consists not only in new markets and new forms of commodities and exchange, but in the infusion of market mechanisms and cultural frameworks to interpret, organize and regulate a growing variety of social spheres, by individuals, institutions and policy makers alike.

Speaking of market logic and commodification denotes several transformations: the objectification of things; separating production from consumption; changing the way and the measure by which we evaluate objects into economic/monetary (exchange) value; changing the purpose and motivation of production and exchange (profit); and the overall social organization of production, exchange and consumption of material or immaterial objects in a competitive environment. However, what I would like to add is the view of commodification as a cultural process by which not only the social order comes to be structured by the market, but cultural repertoires as well, which goes beyond economic spheres of action into daily life and the construction of self-identity. How is it that economic repertoires come to frame not only consumer goods and labor but social relation and even the self?

Market cultural discourse is disseminated into the social fabric and becomes available as an interpretive and practical repertoire by various agents, institutions and practices. This article focuses on one such practice, namely life-coaching which has become a popular and widely available service in the "western" world during the last 20 years. This new practice infuses rational-economic-entrepreneurial practices and repertoires into the frameworks of self-understanding and social guidance. It encourages people to frame not only their material property and their work as goods to be sold on the market according to cost-benefit calculation, but themselves and their social relations as well. I argue that coaching represents an advanced and unprecedented stage in the commodification of therapy and selfhood both as a process of producing and reproducing therapeutic repertoires and technologies, and as an hermeneutic process of self-understanding and social orientation. First I will present the emergence of coaching as a new service for self-improvement in corporations and the market. Then I will turn to analyze its techniques and repertoires.

2 PART I: THE EMERGENCE AND DEVELOPMENT OF COACHING

A MarketData report from 2007 estimated that 40,000 people in the United States work as life or work coaches, and this $2.4 billion market grows by 18% annually (Business Coaching 2009). According to a survey commissioned by the International Coach Federation (ICF) in 2006, 50% of the coaches work in the U.S. alone and the rest in Europe, Asia and Australia. Almost 70% of all coaches are women and only 40% practice coaching on a full time basis. 53% of the coaches have acquired an advanced level of education i.e., Master's Degree or PhD. As for the clients' profile, 90% are 30 years old and above; the majority of which are between the ages of 38-55. Coaching sessions cost $100-150 on average for life-coaching and about $150-300 for business or executive coaching, but can reach even higher fees in the case of senior CEO's. A session lasts about an hour, and most coaching "packages" include 8 to 12 sessions. These sessions can be conducted face to face (54.5% of coaches), or over the telephone (41.9%). In addition, coaches use emails to allow continuous communication through short virtual interactions which enable it to expand into various daily life situations (International Coach Federation 2008).

This data shows how vastly this industry has grown since its emergence in the late 1980s, changing the rules of "traditional" psychotherapeutic practice: the sources of therapeutic authority; the forms of qualification and ratification; and the ways in which therapy is evaluated and distributed. Moreover, it implies a transformation in the techniques, repertoires and objectives of therapy.

The origins of coaching are hard to trace because unlike other therapeutic practices it did not emerge as an academic discipline, a system of knowledge or an intellectual school. Rather, it emerged more organically from the business field and the market of self-improvement by utilizing a variety of well established and known therapeutic and management techniques and repertoires, reconfiguring and adapting them specifically to the changing corporate world and the market of self-improvement. Therefore, an account of the history of coaching can at best be fragmented and imprecise. Nevertheless, I will outline this history by examining the emergence and development of coaching as a new practice in the corporate world and the cultural industries of Well-Being and self-development and the ways in which it spread from corporate and business service to daily life. I will focus on the ways in which coaching infused market logic and entrepreneurial discourse into the cultural production and reproduction of techniques of the self.

2.1 The birth of coaching in the changing corporate world

During the 80's, leadership development techniques and managerial consultation practices in American business corporations had increasingly been referred to as '*Executive Coaching*' (Kilburg 1996). This was a part of the attempt to formulate a new managerial model and leadership development programs in the changing corporate environment aiming at enhancing personal and organizational performance and goal attainment using new techniques. This model focuses on developing the manager's cognitive and emotional competence by learning "*soft*" communication skills, such as active listening, empathy and assertive speech on one hand and strategic and rational techniques such as clarifying self-interest and setting goals in relation to specific projects, calculating future profits and risks, setting performance measures and monitoring personal goal attainment, on the other hand. These ideas have become common in management professional literature since the 1990s when theoretical attempts were made to formulate new leadership models to meet the emerging organizational and corporate needs, with concepts such as "*transformational leadership*", "*authentic leadership*" and "*inspirational leadership*".

These management models are shaped by what Eva Illouz (2008) calls "*therapeutic emotional style*": it bases the managers' ability to motivate and control others on their emotional ability to listen, show concern and engagement and feel empathy which is a set of interpersonal and communicative skills and emotion management techniques often called "*Emotional Iintelligence*" (EI); it facilitates the construction and maintenance of social networks and peer relations as a central resource in the new flexible corporate and work market environments; and demands the practice of authority without overt demonstration of power (Illouz 2008: 88-95). In this model, managers' authority is grounded in their personality and individual skills and abilities, and they are required to motivate their workers effectively through inter-personal relations; to help them recognize their own skills and talents and enhance them to their full potential; to enroll them to organizational goals through their self-concept; to increase cooperation and avoid conflicts; and finally, to produce and enhance the manager's own performance in this complicated process.

This new management model emerged in the settings of organizational efforts to develop motivation and self-management skills of managers and workers alike as a part of wider changes in organizational structure, forms of control and work relations, namely, the flattening of hierarchies, the emergence of working groups and decentralization of control, the centrality of knowledge and information to the process of production, and the growing flexibility and instability of working environments (Boltanski and Chiapello 2005; Fleming 2009). As Michael Hardt (1999) argues, in this new form of production, the most valuable form of labor is "affective labor", which produces interpersonal relations, communication skills, and a variety of feelings such as ease, well-being, satisfaction, excitement and passion. In this organizational context, coaching emerged as a central form of affective labor and one of the main technologies for the production of motivation, affect and sociality in organizations. It infused the ideal of self-realization into corporate practice on one hand, and infused managerial and business discourse into daily life on the other hand.

The main point here is that coaching was neither established as a profession, a discipline, a body of knowledge nor a theory, but rather as a solution to emerging new corporate needs and problems, which arose from the deep changes the corporate world had undergone: a new régime of justification and model of management (Boltanski/Chiapello 2005), new emotional style and communicative ethics (Illouz 2008), and new mode of production of affect and corporate sociability (Hardt 1999). Soon, coaching came to address the general public and daily life problems, infusing economic and entrepreneurial repertoires and practices from the corporation and management discourse into the construction of self-identity and individual lifestyle. Starting in the mid 1990s, efforts were made to consolidate, theorize, empirically legitimize and professionalize this eclectic practice, and in many ways, these processes are still ongoing in various forms.

2.2 From the corporation to daily life

During the early 1990s, quite parallel to its growing demand in corporations, coaching services were offered for different uses – both for corporations and for everyday personal life – as a joint venture of corporations, professionals and cultural entrepreneurs in the market of self-improvement. Coaching emerged as a service of self-transformation alongside existing services such as Erhard Seminars Training (EST), the Landmark Forum, Tony Robbins and Franklin Covey seminars and organizational development services offered by consultancy firms (Williams/Anderson 2006: 4). While Executive Coaching emerged from leadership development programs and the entry of transformational technologies into business, Life Coaching emerged from the infusion of the language of entrepreneurial business and project management into daily personal life, addressing a variety of audiences outside the corporate world (Prior 2003), offering its services of self-improvement for different aspects of personal daily life and social contexts such as career, family and social relations, romantic life, leisure activities and lifestyle fashioning.

Although coaching has no founding father, Thomas Leonard is recognized as the cultural entrepreneur who established this practice in the market of self improvement. Leonard was Budget Director for Landmark Education in the United States in the early 1980s and was thoroughly familiar with their training techniques and economic profitability. However, Landmark worked with groups, while Leonard was interested in working with individuals. A financial adviser by profession, Leonard noticed that when he worked with individuals on their finances they wanted more than just financial advice. Finance was only the inclusive numerical representation of one's life and actions and while sorting out their finances people intended to sort out their lives as well. Leonard started working with clients on a one-on-one basis to help them improve themselves while offering a variety of psychological and economic ideas and techniques. In his experimentation, a coaching methodology began to form, and even though it lacked any empirical or theoretical basis, it was shaped as a useful new commodity in this industry. In 1988, Leonard began teaching a course called '*Design Your Life*' and the following year founded the '*College for Life Planning*'.

In 1992, Laura Whitworth, previously an associate of Leonard, opened the Coach Training Institute (CTI), offering qualification programs for coaches. This was the first attempt to institutionalize coaching as a new professional arena. In the same year, Leonard founded CoachU, creating an edge of competition to CTI. Leonard also founded the International Coach Federation (ICF) in 1994 as yet another training entrepreneurship but after some disputes had emerged between him and other members of the ICF, who wanted the organization to be a professional association of coaches, he withdrew from the ICF. CTI and ICF are still the most prominent institutions in the distribution of coaching practices although many other schools and professional groups have been established in the U.S. and abroad since.

While previously therapeutic authority was grounded in professionalism and prestige, and achieved through a long course of academic and professional qualification, intellectual merit and scientific legitimacy, the qualification process of coaching is a relatively short course with hardly any academic prerequisites. Moreover, official certification is not necessary in order to practice coaching.[1] Various training institutions have different professional standards and certification programs that span from 20 hours courses to 126 hours programs. Training is offered by various institutions mainly by private coaching schools and professional associations but also by some colleges and universities in some countries as part of business management, organizational development or organizational consultancy programs, or as an external certificate not linked with a formal degree.

In addition to its spread through training institutions and professional associations, the rhetoric and practices of coaching were distributed through management advice manuals, self-help books, journal and periodical columns, popular consumer culture and mass media. TV talk-shows and makeover reality programs[2] have immensely contributed to the popularization and distribution of the coaching discourse. In addition, the newly rising medium of the internet was quickly utilized to develop virtual professional communities and online social networks contributing to the quick and wide distribution of coaching. Unlike earlier formations of professional groups, who gathered around a social center, in this case real (as opposed to virtual) social relations were not essential. The distribution of coaching occurred through the market, popular media, consumer culture, and mediated virtual communities which contribute to its decentralized reproduction.

From this short historical account it appears that the central feature of coaching is the improvement in the commodification of therapeutic, spiritual and economic

1 Professionals from a variety of occupations – such as psychologists and organizational consultants – deliver coaching services without any specific qualification but as yet another technique they apply, as market demand for it is on the increase.

2 There are various examples of "makeover" reality shows, but it is most prominently represented by shows such as "The Swan", a Fox reality show that was launched in 2004, in which "ugly" women are going through a process of extreme makeover which includes plastic surgeries, cosmetics, and fashion self-styling, accompanied by a coach.

repertoires, knowledge and techniques: its ability to reconfigure and reutilize various well established ideas and techniques to suit new uses. As the production of commodities is the production of use value for others that can be realized through exchange in order to make a profit, the development of coaching illustrates such a process in the interrelations between corporations, professionals and cultural entrepreneurs in the production of a new service for self-improvement. Moreover, the production and distribution of coaching takes place in the market of self-improvement and popular culture, and not through academic institutions. However, organizing therapeutic services in markets is not a new phenomenon. If that is the case, in what respect does coaching represent a distinct process of commodification?

2.3 Markets, self-improvement services and consumer choice

The 20th century saw the institutionalization of the psychotherapeutic relationship as an economic transaction of mental health and therapeutic services. This dyadic relationship has been institutionalized as both a professional practice which is concerned with the individual's psyche, and an economic form of exchange, utilizing formal qualities of the latter such as secrecy, freedom of contract and depersonalization to establish the former, i.e. introspection, self-exposure and self-transformation. In light of Simmel's (2004) insight into the depersonalizing quality of money in economic exchange, the establishment of therapeutic services implies the construction of interpersonal relations which are excluded from everyday social relations, include no prior engagements and commitments. They are bound by professional rules and have no further social consequences beyond therapy, such as involvement, debt, etc. They are initiated, settled and concluded by payment. Counter-intuitively, this depersonalizing and alienating quality of the money economy is the very condition for the establishment of a new form of intimate relation which is essential to the therapeutic practice, exactly because it frees the individual from other social relations in which s/he is engaged and creates an exclusive interpersonal relation with the therapist.

However, this basic structural feature does not necessarily mean that the production and exchange of mental goods, their form and content, are governed by market logic in all therapeutic practices or at all times and in all places. Being part of an economic exchange demonstrates only a very basic and formal meaning of commodification, but it fails to distinguish more complex developments and aspects in it. In order to fine-tune the meaning of commodification in contemporary therapeutic markets and in coaching in particular, we have to take into account the following questions: what are the objectives of therapy? What is being delivered or promised? Who is the subject/target audience of the service? And how is it evaluated?

Understanding coaching as a service of self-improvement which competes with other services in the therapeutic market means that market logic is infused into the reproduction of the practice, and the production of the cultural repertoires and techniques it offers. This means that specification, effectiveness, efficiency and meeting the demands of clients become the dominant criteria in the light of which therapy is evaluated, and the central rules of and constraints over the reproduction of therapeutic technologies of the self. Moreover, it targets an extremely wide audience, practically everybody, by offering personal well-being instead of healing mental suffering, so one doesn't have to "have" anything in order to use it, beside the desire to change something in one's life or to "move on". The main attempt in coaching is to produce easily personalized, simple, effective and efficient techniques for self-transformation and the achievement of improved selfhood, personal well-being and happiness.

However, commodification as a form of production of therapy is just one aspect of this process. The other aspect relates to the micro-sociological structures and cultural content of the discourse and practice of coaching, and the ways in which they are populated by economic and business techniques and frameworks.

3 PART II: TECHNIQUES, REPERTOIRES AND NARRATIVES IN THE CONSTRUCTION OF SELFHOOD

Commodification of therapy and selfhood does not consist only in having a price tag, being embedded in economic exchange, or economically recycling pre-existing objects, relationships, ideas and practices. Rather, it is a specific socio-cultural process of meaning-making which includes distinct models of subjectivity and sociability. This process is generated *by commercial technologies for the production of the new person*, which denote the centrality of market logic (effectivity and efficiency in the production of value) not only in the production of therapeutic repertoires and techniques and the structuring of the therapeutic relation, but in their content as well.

What does a process of self-fashioning through a hybrid language of emotions and entrepreneurship look like? Through what practices is it established? In order to demonstrate how coaching infuses entrepreneurial techniques and frameworks into daily personal life, I draw on my ethnographic fieldwork – which consisted of interviews with 8 coaches and 10 coachees, participant observation in a coaching course, and text analysis of coaching books, websites and forums – and portray the distinct features of the coaching discourse and practice. I examine the construction of therapeutic relations and structure of interaction, the interpretive repertoires and techniques of reflexivity, the therapeutic narrative and techniques of self-transformation, and suggest they are all organized as a project of commodification of selfhood.

3.1 The structure of the coaching therapeutic interaction

As implied earlier, coaching rejects the hierarchical therapist-patient asymmetry, in order to construct empowering and egalitarian coach-client "peer" relations. These relations strongly resonate the customer service model which is designed to personally suit the client, in the purpose of quickly producing self-improvement, increasing self-value, personal satisfaction, self-esteem, induce passion or excitement. In addition, the medical language of "traditional" psychology gives way to a consumerist and economic language. In so doing, it transforms the underlying assumptions concerning the subject and the objectives of therapy: the individual is not a patient but a client, and the aim of therapy is not to fix, cure or heal mental deficits or problems, but to empower personal strengths and positive emotions. As the basic humanistic belief goes, there is nothing to fix or heal in a person because nothing is broken or ill. Instead, the focus is given to finding one's authenticity and constructing a life project.

The first session is usually dedicated to mutual introduction, which in addition to the informal interpersonal "chemistry" it intends to provide, formulates the relationship in a formal contract, in most cases a signed agreement concerning the objectives of the client, their goals and vision, the mutual expectations and obligations regarding the coaching process, the desired outcome and procedural details: costs, duration, place and time for sessions, etc. The relationship is framed from the very beginning as a contractual and transformational relationship, aiming to produce personal change by defining specific issues the clients brings up, and specific goals which are conceived as meaningful and necessary for their well-being, life purpose and self-identity.

The course book of the CTI Co-Active coaching course, which is given to participants in the program worldwide, describes the first session as follows:

> Creating a relationship also involves discovering the necessary background and other personal information that will be useful in the coaching. For example: what are the main areas of focus this client wants to bring to coaching? What goals have they set? What are the values they want to honor in their life? What motivates them to action? How have they created change in the past? What works? (Kimsey-House et al. 2011: 2-16)

This relationship has several features: First, the coach is not considered to be the *source* of knowledge for the individual neither does he intend to analyze or interpret his words. Instead, following the spirit of the Humanistic Movement, the client is viewed as *naturally resourceful and whole* in both meanings, as an assemblage of personal resources, and as an inner motivated self-enterprising individual. He is the bearer and owner of the self-knowledge required for the coaching process in which it unfolds by a conscious and calculated action and translated into a project of self-realization. Resonating Carl Rogers' humanistic ideal of authenticity, the authentic core of the self is conceived to be hidden from the client himself, but within his reach. Second, the main objective of the coaching relationship becomes to uncover, clarify, empower and actualize one's authentic self. Finally, it does not intend to provide a holistic analysis and deep understanding of one's life and psyche through introspection and retrospection, rather, to enable segmentation of one's life, actions and self-understanding to specific social situations and definite goals, and to construct a project of self-realization. As we will see, this segmentation enables one to weigh and calculate one's actions in different social spheres vis-à-vis one another in order to choose where and how one can realize the highest reward. The focus on specific issues allows the condensation of the process to 8-12 meetings in which a project of self-realization with relation to definite goals is constructed and set on the way. Coaches offer clients to maintain contact and get support by email and phone calls between sessions, and assign "homework", namely, tasks to perform, forms to fill, information to gather, self-monitoring, etc., from one session to the next. By this, they weave closely the coaching practices into one's behavior in specific situations in daily life.

The coaching therapeutic relationship is the basis for constructing distinct cultural repertoires, practices of reflexivity, and techniques of self-transformation which are used in order to bestow value on one's self-identity, while reinterpreting the self and its social relations, and working to change one's habits, personality traits, emotions, ways of thinking and behaving.

3.2 Coaching's mode of reflexivity

Many critics argue that reflexivity is a central feature of late modernity (Bauman 2007; Beck/Beck-Gernsheim 2002; Beck at al. 1994; Giddens 1991; Illouz 2008), and results from the structural and institutional changes of social life, namely, their individualization. In this context the central source of moral guidance is no longer related to objective moral authority or external obligations, but grounded in the reflexive project of the self (Giddens 1991). This personal life project is constructed and managed by the individual, according to subjective criteria, and for his or her achievement of emotional authenticity. However, I would like to focus on the cultural aspect of contemporary reflexive practices, as illustrated in the case of coaching, by characterizing its specific form of reflexivity: how does it encourage the individual to examine and understand himself? Through what repertoires and techniques is it done?

Reflexivity as an act or practice of self-awareness has to be defined according to the cultural repertoires, techniques and rituals it utilizes in order to interpret the self and others, frame social situations, and guide the individual to action in various social spheres. While every act of self-awareness simultaneously objectifies and subjectifies the self (Simmel 2004), this process can take a variety of forms depending on the cultural categories and social institutions by which it takes place. I argue that in the case of coaching, reflexivity is used to commodify the self, i.e. to constitute the self as a desirable and valuable object, for the individual and certain others, which can and ought to be designed, shaped and performed to produce the highest personal value, in both an economic and a very non-economic sense, through economic and entrepreneurial repertoires.

The coaching mode of reflexivity is characterized by several features: Firstly, it is performed through specific practices and rituals of mediated self-awareness/reflexivity which discards the idea of the subconscious and the exposure of inner conflicts, and aims to define and empower personal resources. Secondly, instead of tracing mental disorders and problems, it focuses on defining, experiencing and satisfying personal wants, needs, desires, aspirations and emotions. Thirdly, instead of being holistic, reflexivity is practiced in relation to a specific life situation, personal goal or issue, in order to produce self-understanding and personal change; Furthermore, discarding the retrospective narrative of suffering underlying psychoanalysis, reflexivity interprets and orients the self through a prospective narrative which outlines the project of self-realization, and involves an instrumental and utilitarian approach to the past, a mapping of the present and a construction and pursuit of a desired future. Moreover, it includes techniques of calculation and choice as central means to discover and actualize one's authentic selfhood. And finally, far from being an activity which is restricted to produce a form of self-knowledge in the therapist's clinic, it is strongly connected to personal performance and individual action, both as a target and as means of emotion-management and production of self-appreciation through recognition. These aspects are now further discussed.

3.3 Mapping and branding the self: constructing the self as an object of value

The coaching mode of reflexivity is not concerned with analyzing reasons and causes of one's behaviors, thoughts, emotions and biographical events, and awareness or knowledge of them is not considered therapeutically valuable or useful. Rather, it focuses on what emotions, thoughts, attitudes, behaviors and experiences one wants to change – which should be discarded and which adopted – and how to do it effectively. It is not intended to create an inclusive explanation of one's life, but to produce positive personal changes in specific settings. For that matter, it sets to gather personal information which is relevant to the process of self-realization.
The coach uses a standardized set of questions to direct the client to self-understanding by clarifying, assessing and mapping what one considers important or valuable in one's life; what one's aspirations, desires and wants are; what are one's behavioral, cognitive and emotional patterns/habits, and whether they contribute to achieving one's personal goals or block them from doing so. Or, as Adi, a 40-year-old coach eloquently phrased it:

> Resources, this is the name of the game. Your resources are your abilities, your strengths – those you are aware of, and especially those you are *not* aware of – we stir up what you don't know about yourself, and those resources have to be put to work.

Reflexivity here acts simultaneously in two directions: the virtual future self and the actual present self, which have to be fine-tuned and retuned to one another. It aims at uncovering the authentic self as an ideal self-image to be actualized in the future, as well as aiming at mapping the actual self, their current habits, ways of thinking, acting and feeling in terms of strengths/resources and barriers – evaluated in relation to a specific goal and social context.

It is not done only through conversation and questions but in some cases by forms ("assessment tools and exercises") which the client fills by himself or with the coach while in session. One of the most common forms is the "*wheel of life*", a round diagram, which asks the client to assess their current satisfaction in different areas of their life, which are represented by 8 sections – to which one can add more – including categories such as career, family and friends, money, romance, personal growth, fun and recreation, health, and physical environment. These categories can be personalized according to what clients see relevant to them, but the idea is to map one's life according to the level of satisfaction derived from different areas of their life, to locate the sites where change should be induced, and to come up with a plan to improve one's overall satisfaction by setting goals and a project to achieve them. Recently, mobile life coaching 'apps' have been introduced for smartphones, designed to facilitate this evaluation and monitoring of satisfaction, as another new coaching tool for clients, or even as a new form of eCoaching, turning the mobile phone into "a customised personal coach" (ZDnet 2007).

This form of self-knowledge is not stable and lasting, and does not concern the "*core*" or inner structure of the self. Rather, the self is constructed through a constant feedback loop which provides information that, in turn, is used to calculate and choose between alternative courses of action. Different forms of information are used for this matter – information about oneself obtained by techniques of reflexivity and emotional, behavioral and cognitive self-monitoring; information about one's social image, behavioral patterns and performance extracted through self-monitoring and rituals of self-presentation such as role play and simulations in the coaching sessions; and information about environments in which the individual is engaged or intends to be engaged in. Information never includes its own interpretive framework, which is necessary in order to decode it, give it value and enable calculation and decision making. This lack enables its individualization/personalization since it demands to construct such a framework in subjective terms such as needs, wants, personal vision and goals, which are later weaved into a prospective narrative of self-realization.

Clearly, the act of reflexive mapping is not intended just to provide information about one's current status or social location in relation to one's aspirations but rather amounts to a process of self-branding in which the bright sides and positive personality traits and skills, or strengths, are highlighted, amplified and focused upon, while negative ones are diminished and put aside. As Hearn (2008: 198) puts it:

> Self-branding involves the self-conscious construction of a meta-narrative and meta-image of self through the use of cultural meanings and images drawn from the narrative and visual codes of the mainstream culture industries. The function of the branded self is purely rhetorical; its goal is to produce cultural value and, potentially, material profit.

In this context Lair et al. (2005: 308) add that:

> Rather than focusing on self-improvement as the means to achievement, personal branding seems to suggest that the road to success is found instead in explicit self-packaging: Here, success is not determined by individuals' internal sets of skills, motivations, and interests but, rather, by how effectively they are arranged, crystallized, and labeled – in other words, branded.

In self-branding practices, concepts of product development and promotion are used to market persons for entry into or transition within different social spheres, which are conceived of as markets, and to some extent tend to acquire structural traits of markets such as work, education, dating sites and virtual social networks. Nevertheless, while Hearn (2008) and Lair et al. (2005) examine this phenomenon in TV reality shows, virtual networks, corporations and work markets, coaching infuses this practice into daily personal life as a form of self-styling.

Self-branding reflexivity aims to produce motivation, excitement and passion, a sense of self-value, self-esteem, and a sense of ability to pursue and achieve one's dreams and aspirations. Thus, it is central not only in order to produce an experience of self-appreciation as personal empowerment but to construct and practically pursue a project of self-realization.

3.4 Projecting the self into the future: constructing a prospective narrative of the self

The second aspect of self-branding reflexivity, as briefly mentioned earlier, focuses on constructing a desired future – desired self-image, wanted lifestyle, aspirations concerning career, social relationships, leisure, family and romantic partners. In this case, the production of positive emotions, passions, optimism and excitement hardly necessitate the shadowing or diminishing of "negative" or un-flattering aspects of one's personality, behavior, past experiences or current situation since it refers to a completely virtual future, in the sense that it is not currently actual but possible (see Shields 2003). Since it is not constrained by the contingencies of the present, it remains open, elastic, populated with innumerable alternatives and easily colonized. This denotes a transformation in the therapeutic vocabularies, narratives and models of healing – from focusing on the depth of the past and the psyche to the width and openness of the future as the central object of problematization and interpretation. However, in order to be relevant as a project of self-realization it has to be translatable/convertible to an actual plan and specific actions, and in some cases its pursuit and accomplishment demand their measurability in some way, whether arithmetically, emotionally or socially, by setting performance measures to monitor progress and navigate through one's life project successfully.

The construction of the authentic virtual self is accomplished through techniques of self-imagination: questions directing and encouraging the individual to develop, imagine and verbally articulate personal dreams, fantasies and visions of their aspired life. One coaching self-help book presents it as a string of questions:

> What is it that you desire and keeps slipping away? Imagine that you have it, whatever it is, now what? [...] Now that you have it, what does it give you that you didn't have before? What does it look like? What do you feel when you have it? Do you see yourself differently now that you have it? Do others see you differently now? And what about your daily life – is it significantly changed and better in any way? (Blanchard/Homan 2004: 24)

This passage illustrates how imagination is used not only to construct fantasies but also as means of self-experimentation to probe personal aspirations and their prospective contribution to one's self image, social recognition and life improvement. The imaginative construction of the desired life and self-image serves as a personal compass to facilitate individual orientation in current social relationships, to expand one's ecology of choice, to produce excitement, induce action, and to facilitate choice from different courses of action. These technologies of imagination elaborate the information gathered from the mapping process, but are also used to examine and evaluate the prospective experienced utility of the realization of one's goals and vision.

Colin Campbell (1987: 70) suggests that modern individualistic hedonism utilizes the imagination and practices of "day dreaming" to induce pleasure which stems from the expectation for exciting future experiences. These techniques of imagination or rather visualization are used to produce what Campbell calls *emotional control*, i.e. the efforts modern people make to decide on the type and intensity of the emotions that they want to feel, manage and experience them as pleasant. These practices of fantasizing take a central place in the construction of an individual life project and the prospective narrative framing it, but they are used not only to produce pleasure, excitement and desire, but as techniques of colonizing the future (Giddens 1991). The imagined future is used to anchor one's reflexive life project, and enables the attribution of meaning and value to current events, relationships and personality traits, in relation to the prospective personal narrative. However, more than a detailed narrative, it is a (to varying degrees) detailed plan for turning one's life into a productive and successful project.

When fantasizing is successful, the desired self-image is set as a goal to be pursued and performed in everyday life. Thus, one's goals should be identified as one's desires, dreams and idealized aspirations, but at the same time be translatable to concrete actions in specific situations in order to provide the desired outcome. The process of translating desires into a plan for action, and their realization by a specific action in daily life, is described by Rebecca, a 47-year-old coach:

> Interviewer: What positive emotions or goals do people set for themselves?
>
> Rebecca: Wow, there is no limit – finding the right romantic partner, personal aspirations "I want to be this and that", professional aspirations "I want to be a CEO, I want to be successful". "I want"… this is the point.
>
> Interviewer: What process do they have to go through in order to achieve it?
>
> Rebecca: You divide it into steps: "I want to be a writer", okay, what do you need in order to achieve it? And so you divide it and say: "Okay, here are the steps you have to take, you go stage by stage, ticking off each stage as you go along and there you are." You have to divide it because dreams usually seem very distant and thanks to these steps you can get them closer and you understand that in order to get it you have to move through these stages, and then you can see it happening. You have to detail the dream that seems to be out of reach in order to make it real and achievable.

Translating one's vision into a course of action is preceded by translating every social situation and life event into an individualized and utilitarian "private language" which interprets its objects in psychological, subjective and emotional terms, as outcomes of one's actions and choices and his responsibility to manage them effectively. This utilitarian language functions to a-moralize personal goals, aspirations and wants, as to include a vast array of aspirations, wants and self-identities. In order to have personal practical implications and to fit into one's personal life project, everything has to be subjectified by this language, focusing on one's ability to reflexively and independently control and change life circumstances by changing one's own habits, attitudes, emotions and actions or by changing one's social commitments and relations.

Not only current habits, social relations and behavior are examined in the light of the prospective life project and their effectiveness in achieving it, but also attitudes toward past events, and feelings originating from the memory of such events. The prospective projection of the self, demands to deconstruct and reconstruct one's interpretation of past events.

Changing unwanted emotions and attitudes related to negative past experiences is done by a popularized version of Cognitive-Behavioral techniques of mood therapy, originally developed to reduce anxiety, depression and stress, to reframe the individual's interpretation of past events and experiences and reshape them to be productive in generating personal satisfaction and positive emotions. Reinterpreting an event can mean changing its importance in one's life by marginalizing it and "putting it behind" if it is conceived as negative or "blocking", or, when it is conceived as positive or valuable, centralizing it as important to one's self-image. While Cognitive Behavioral Treatment evaluates beliefs, emotions and attitudes by their ability to reflect what is normal and reasonable and what is distorted and exaggerated, here the criteria is "what do you gain from it", i.e. what value one can derive from such an emotion, attitude or experience. Is it blocking or enabling the achievement of one's emotional life project, and whether those benefits can be achieved in a more constructive way. In short, it seeks to capitalize the past, as well as personality traits, emotions and abilities in order to turn it into a productive tool, emotionally, socially and economically.

This way, the fragility of the present gets stabilized and draws meaning not from retrospection and analysis of past events and experiences as the sources of selfhood, but from future aspirations and fantasies about the imagined desired self. The past is important as a point of departure and a resource for self-development. It has to be mapped and tagged in terms of personal resources and obstacles to be elaborated into the prospective life project as information to be used in realizing it.

Examining and reshaping attitudes towards past events, personal habits, abilities and traits, and towards social relations and roles, involves a dialectic move between disenchanting and rationalizing them (instrumentalizing social relations and personal properties through examining their cost and benefit to oneself) and re-enchanting and emotionalizing them (idealizing and naturalizing). This dialectic process involves techniques of evaluation, calculation and choice, as the central practice of moral guidance.

3.5 Technologies of evaluation, calculation and choice

Personal choice is both a structural consequence of modernity, one of the moral and cultural hallmarks of post-industrial consumer societies. It is a structural consequence of individualization, the complex and highly differentiated division of labor, and marketization processes which act to expand and specify different possibilities of action the individual is confronted with, whether as a producer or as a consumer;

and a liberal moral imperative, which establishes it as the main source of legitimacy to one's action. In the sphere of consumption, individuals come to shape, know and express themselves through their choices of consumption and presenting their actions as patterns of choice which manifests their authentic self.

The centrality of the ethics of personal choice is related to the ideals of freedom, autonomy and self-determination. In contrast to the ideal of choice in religious and classic moral philosophies, in which the moral framework in which choice has to be made is given and objective, in individualistic liberal morality the individual is demanded to construct a personal framework which could direct him to the right choice, while the "right choice" is evaluated by its usefulness in producing self-value and personal reward. To do this, self-interest and emotional authenticity are recruited as moral sources of legitimacy, and technologies of choice are activated.

As we have seen in the construction of the prospective narrative, coaching encourages individuals to problematize various life situations and mental properties as objects of calculation and choice in order to direct the individual to action in constructing and pursuing one's life project. The ideal of choice is used as a general framework to interpret life stories, events, behaviors and attitudes, as Anna, a 24-year-old coachee phrased it: "I am where I am today because of the choices I made in my life." In this framework, choice means that every action, way of thinking or feeling has to be understood as one of many alternatives, which is more valuable since it is more effective in supplying personal satisfaction, since it meets self-interest or personal desire of some sort. The very basic technique is to ask "what do I gain from this" in relation to various mental and social objects and situations, to put them into a cost-benefit formula, and to reach a bottom line which points to the most effective course of action. It is used both in constructing personal goals and prospective narrative, and in daily situations as means of orientation, self-presentation and action in various social situations.

For example, for one of my interviewees, a 40-year-old woman, this technique of calculation enabled her to bring up, consider and evaluate different courses of action, to bring up options that were earlier considered irrelevant or weren't considered at all, and to re-evaluate what was previously taken for granted. It enabled her to "open a window", to consider alternative courses of action, to focus on what exactly is at stake in the situation, what is important for her, what she expects to gain or is ready to lose while choosing a course of action, what makes her get "stuck" and what promotes her. In this process, options that were previously considered irrelevant or weren't considered at all are reevaluated, trying to assess the risk involved in following them and their potential damage to her goals in relation to their benefits. She used this technique first to decide what she is to do with some work issues and career considerations, and later implemented it to personal and familial issues as well. In other cases, when a decision has to be made and choice is complicated, "intuitive choice" techniques are offered.

The inclusive use of cost-benefit calculation denotes the pervasiveness of economic and utilitarian repertoires as central measures to evaluate alternative courses of action and justify personal choices. The dissemination of the liberal ideology of consumer choice into daily life by coaching practices does not simply mean the colonization of life worlds by instrumental rationality, but the distribution of what Eva Illouz (2008) calls “emotional capitalism” into the process of self-formation, by combining rational procedures and emotional life project.

This ideology has several consequences: first, technologies of choice act in two directions: they are implemented when confronting an actual choice, and they frame given situations as non-obligatory and exchangeable personal choice, enabling or even demanding to probe alternatives. Since every life situation or mental state can be framed as a personal choice, the individual is held responsible for their consequences or for their change, while dissolving any social, economic or psychological determinism. At the same time, technologies of choice enable personal freedom from existing social commitments and personal habits, by establishing a space in which they are reevaluated and reconsidered alongside other alternatives. Second, reframing actions and situations as personal choice demands specific intentionality which measures everything in relation to the self, and constructs one’s preferences, authenticity or personal benefits as the only factors that tip the scales. Every situation has to be structured as one alternative among a wider ecology of individual choice which one can adopt or discard according to one’s self-interest or emotional authenticity. For that matter specification and refinement of emotions, interests and tastes is demanded. Third, different and incommensurable forms of value from different social spheres can be weighed in relation to one another, for example satisfaction and material reward, career and personal life, family and leisure activities, emotional costs or benefits and material ones, etc.

Designing and executing a new form of individual behavior, thinking and feeling which is more beneficial to the individual is the central goal of coaching. For this matter, techniques of evaluation calculation and choice are not merely cognitive exercises but practical tools to reshape action and self-presentation in various social contexts (what is generally referred to as “self-marketing”), where self-value is gained and managed through social recognition.

To summarize my claim, the coaching discourse illustrates the commodification of selfhood since it constructs subjectivity, self-understanding and social relationships according to a market/business model. It utilizes economic practices, criteria and frameworks to reframe the self, emotions and social relations as the main objects of productivity, profit and value in both economic and non-economic senses. This framework combines rational procedures for practical orientation and enhancement of productivity – clarifying self-interest, planning, goal setting, cost-benefit calculation, efficiency, choice and performance measurement – with emotional-therapeutic practice – such as reflexivity, clarifying and shaping emotions, wants, desires and tastes, and self-monitoring techniques – in order to construct self-identity and produce personal satisfaction and happiness. In this case, the construction of subjectivity and sociality is conducted according to the utility (emotional, social or economic) they produce, and their usefulness in constructing and achieving a project of self-realization. In this framework, techniques of evaluation calculation and choice come to be the central practice of moral guidance and the construction of self-identity.

4 CONCLUSION

The therapeutic practice that coaching offers fully fits into the functioning logic of neo-liberal (emotional) capitalism (Binkley 2011). Most significantly, it plays a central role in shaping neo-liberal subjectivity and sociability by producing practices and repertoires and actually weaving them into individual interpretation, action and experience in daily life. Thus, it enables us to take a glimpse into the ethical aspect of this political mode of control.

Foucault suggests that one of the central characteristics of neo-liberal governmentality is the use of market models and criteria for understanding and regulating a growing variety of social arenas such as law, family, work, education, welfare, health and more. The generalization of the enterprise form, Foucault (2008: 242) writes, serves the function of

> extending the economic model of supply and demand and of investment-costs-profit so as to make it a model of social relations and of existence itself, a form of relationship of the individual to himself, to those around him, the group and the family.

Coaching is an excellent case study for examining the technologies through which this neo-liberal subjectivity is formed and performed in practice by individuals. What I call "the commodification of selfhood" is a process of neo-liberal subjection in which specific technologies of the self are constructed and carried out in order to produce an entrepreneurial, self-reliant, responsible, passionate and rationally choosing subject, while drawing on market models and economic repertoire and practices as frameworks for moral orientation and interpretation of self and others. Hence, we can see commodification in general as a neo-liberal strategy of governmentality, and self-commodification in particular as its ethical representation.

However, this case study has several implications for our understanding of how neo liberal governmentality and ethics work. First, I claim that the historical and ethnographic analysis of coaching shows how technologies of the self are produced and distributed in the business field and by market mechanisms, rather than from institutionalized expert knowledge systems, academic disciplines or established professions. The reconfiguration of ideas and techniques and the symbolic manipulation resulting from it are engendered by cultural entrepreneurs who instrumentally draw on a variety of ideas and techniques from a wide array of established knowledge systems and practices to produce new commodities, and are rarely committed to any single theoretical framework or the pursuit of a coherent knowledge system. In this case, the market functions as a saw-mill which deconstructs and reconstructs therapeutic knowledge systems and practices in the process of decentralized production of new techniques of the self. Thus, before the subject is objectified through formal knowledge systems it is commodified through the market.

Second, moral guidance in the neo-liberal context is based on a *régime of emotional authenticity* (Illouz 2012) as the central mode of justification and evaluation of self, social relationships and alternative courses of action, in which individual preferences and emotional goals come to play the moral Archimedean point for practices of evaluation calculation and choice, in order to maximize different forms of utility in various social settings. As Rose (1999) claims, neo-liberalism governs through *technologies of freedom*, which aim to produce satisfaction rather than obedience. Constituting the free subject is not done in relation to a given code, a canonized scripture, substantial moral imperative or virtue, but in relation to one's passions, desires, aspirations, and dreams, which enable flexibility and change between social spheres and over time.

The third point refers to the problem of value. The wide use of entrepreneurial language, utilitarian repertoires, and market models and practices to a variety of social spheres including personal life led some critics to suggest that what were previously extra-economic domains are now rendered 'economic' and are colonized by criteria of economic efficiency, which enables a close link to be forged between economic prosperity and personal well-being (Miller and Rose 1990). I would like to suggest that as the use of metaphors doesn't make all their objects the same, so the use of entrepreneurial repertoires and market models doesn't mean the reduction of all forms of value to economic value. Far from reducing everything to economic success or monetary value, market cultural repertoires and techniques are useful, effective and relevant exactly because they enable the inclusion of different and incommensurable forms of utility from various spheres of value – emotional, social and economic – while trying to calculate one's actions, maximize rewards in different social arenas and redraw boundaries and interrelations between the various social activities one is engaged or intends to engage with. Here, personal satisfaction and well-being are the common measure which enables this form of cost-benefit calculation, rather than money or economic success. This in turn establishes dialectic relations between different forms and measures of value while comparing emotional, social and economic costs and benefits, and the various uses of this practice have different results.

Commodified care of the self is rather far from the concept of self-formation in religious, traditional or enlightenment ethical practices which demand enduring commitment, hard work, moral discipline and no immediate reward. Rather, it problematizes the self through its wants, passions and dreams, to construct a wide array of *disorders of the will*. Unlike *akrasia* (weakness of the will), a concept in classic moral philosophy which refers to the problem of acting against one's better judgment, these disorders of the will consist in the inability to passionately pursue something, the inability to choose one's subjective good and strive towards realizing it effectively, or to fail experiencing it as satisfying. It establishes self-value on one's ability to effectively manage a *personal economy of Happiness* in order to maximize emotional, social and economic rewards, in light of a *privatized Utopia* which makes collective utopias unnecessary or even a hindrance in the quest for self-realization. In this process the hedonistic calculus replaces the unpleasant and self-diminishing experience of introspection, retrospection and soul-searching for an inner truth, and neutralizes moral dilemmas which emerge from the confrontation with the unsolvable tension between objective moral imperatives, even those of being happy or authentic, and the contingencies of individual existence.

BIBLIOGRAPHY

Bauman, Zygmunt (2007): Consuming Life. New York: Wiley.

Beck, Ulrich/Beck-Gernsheim, Elisabeth (2002): Individualization: Institutionalized Individualism and its Social and Political Consequences (trans. Patrick Camiller). London: Thousand Oaks/ New Delhi: Sage.

Beck, Ulrich/Giddens, Anthony/Lash, Scott (1994): Reflexive Modernization: Politics, Tradition and Aesthetics in the Modern Social Order. Stanford: Stanford University Press.

Benkler, Yochai (2006): The Wealth of Networks: How Social Production Transforms Markets and Freedom. New Haven, CT: Yale University Press.

Binkley, Sam (2011): Psychological Life as Enterprise: Social Practice and the Government of Neoliberal Interiority. History of the Human Sciences, 24(3): 83–102.

Blanchard, Scott/Homan, Madeleine (2004): Leverage Your Best, Ditch the Rest: Coaching Secrets for Life and Work. Chichester: Capstone.

Boltanski, Luc/Chiapello, Eve (2005): The New Spirit of Capitalism (trans. Gregory Elliot). London: Verso.

Business Coaching (2009): Business Coaching Statistics. URL: http://www.businesscoaching.com/ business-coaching-statistics/, last accessed 10 June 2013.

Campbell, Colin (1987): The Romantic Ethic and the Spirit of Modern Consumerism. New York, Oxford: Blackwell.

Davis, Joseph (2003): The Commodification of Self. The Hedgehog Review, 5(2): 41–49.

Fleming, Peter (2009): Authenticity and the Cultural Politics of Work: New Forms of Informal Control. Oxford: Oxford University Press.

Foucault, Michel (2008): The Birth of Biopolitics: Lectures at the Collège de France, 1978–79 (trans. Graham Burchell). Basingstoke/New York: Palgrave Macmillan.

Giddens, Anthony (1991): Modernity and Self-identity: Self and Society in the Late Modern Age. Cambridge: Polity Press.

Hardt, Michael (1999): Affective Labor. Boundary 2, 26(2): 89–100.

Hearn, Alison (2008): 'Meat, Mask, Burden': Probing the Contours of the Branded 'Self'. Journal of Consumer Culture, 8(2): 197–217.

Illouz, Eva (2008): Saving the Modern Soul: Therapy, Emotions, and the Culture of Self-Help. Berkeley: University of California Press.

Illouz, Eva (2012): Why Love Hurts: A Sociological Explanation. Cambridge: Polity Press.

International Coach Federation (2008): Global Coaching Study: Executive Summary. URL: http:// icf.files.cms-plus.com/includes/docs/064GlobalCoachingStudyExecutiveSummary2008.pdf, last accessed 10 June 2013.

Kilburg, Richard R. (1996): Toward a Conceptual Understanding and Definition of Executive Coaching. Consulting Psychology Journal: Practice and Research, 48(2): 134–144.

Kimsey-House, Henry/Kimsey-House, Karen/Sandahl, Phillip (2011): Co-active Coaching: Changing Business, Transforming Lives. 3rd ed. Boston: Brealey.

Lair, Daniel J./Sullivan, Katie/Cheney, George (2005): Marketization and the Recasting of the Professional Self. Management Communication Quarterly 18 (3): 307–343.

Miller, Peter/Rose, Nikolas (1990): Governing Economic Life. Economy and Society, 19: 1–31.

Prior, David Matthew (2003): Professional Coaching Language for Greater Public Understanding. Position Paper, Ethics and Standards Committee, International Coach Federation. URL: http:// coachtrainingworld.com/coachtrainingworld/student-center/PRE-CORE/professionalcoachingLanguage.pdf, last accessed 10 June 2013.

Rose, Nikolas (1999): Powers of Freedom: Reframing Political Thought. Cambridge: Cambridge University Press.

Simmel, Georg (2004): The Philosophy of Money (ed. David Frisby, trans. Tom Bottomore and David Frisby from a first draft by Kaethe Mengelberg). 3rd ed. London/New York: Routledge.

Shields, Rob (2003): The Virtual. London/New York: Routledge.

Williams, Patrick/Anderson, Sharon K. (2006): Law and Ethics in Coaching: How to Solve, and Avoid, Difficult Problems in Your Practice. Hoboken NJ: Wiley.
ZDnet (2007): A life coach in your pocket. URL: http://www.zdnet.com/a-life-coach-in-your-pocket-3039289952/, last accessed 30 May 2013.

MEDIATISIERTE FREUNDSCHAFT – ÖKONOMISIERTE FREUNDSCHAFT? EMPIRISCHE ASPEKTE ZUR FREUNDSCHAFT JUGENDLICHER AUF FACEBOOK

Kai Erik Trost

Wichtig ist für Jugendliche der Wissens*gewinn* in Schule und Ausbildung, denn sie müssen mit Blick auf ihr späteres Leben bereits heute in ihre Bildung *investieren*, um am Arbeitsmarkt *erfolgreich* zu sein, das Leben zu *meistern* und sich später gar Kinder *leisten* zu können; schließlich sind wir *Humankapital* und generell gilt: *Zeit ist Geld* und *alles hat seinen Preis*.

Letztlich ist diese schleichende Ökonomisierung unserer Alltagssprache eine perfekte Metapher, um einen holistischen Blick auf die heutige Jugend, ihre Alltagswelt und ihre Freundschaften zu werfen. Eine Jugend, welche die Shell-Jugendstudie 2011 mit dem Etikett einer „pragmatischen Generation" versieht, da sie oft von Zähigkeit und einem gefühlten Leistungsdruck in Schule und Studium geprägt ist, gleichzeitig aber auch versucht, dem Lebensgenuss und Wertestreben möglichst komplementär nachzukommen (vgl. Gensicke 2010: 187f.). Das Internet, das Social Net und die Sozialen Online-Netzwerke (engl.: Social Network Sites; i. F. mit SNS abgekürzt) können hier als ein Paradigma unserer kontemporären (Medien-) Gesellschaft gelesen werden, sie sind omnipräsent sowohl im Beruflichen als auch im Privaten, zeitlich und räumlich flexibel in der Verwendung und bieten ihren Nutzern die Möglichkeit der Darstellung und Präsentation der eigenen Person; sie ermöglichen die Individualisierung – aber auch die Exponierung und effektive Inszenierung des Selbst. Sie passen, so meinen daher viele, perfekt in unsere Zeit, zu unseren Beziehungen, zu unseren Freundschaften u.v.m.

Der vorliegende Beitrag geht der Frage nach, wie das Metaphänomen der Mediatisierung, also die zunehmende Diffusion elektronischer Medien und deren wachsende Bedeutsamkeit für das kommunikative Handeln innerhalb der Gesellschaft (vgl. Krotz 2007), die Freundschaft bei Jugendlichen beeinflusst. Wie wird Freundschaft konzeptualisiert, wie wird sie verstanden, ausgehandelt und von den Jugendlichen in einer individualisierten medialen Alltagswelt praktisch ‚gelebt'? Der qualitativ-empirische Teil dieses Beitrags untersucht im Speziellen, wie Jugendliche die Social Network Site Facebook im Kontext der Freundschaft verwenden, und wie sich dies auf ihr Freundschaftskonzept auswirkt. Besondere Berücksichtigung erfährt das Wertesystem der Freundschaft sowie die Frage, ob und inwieweit die Freundschaft im Social Net und auf SNS von dem heute fast schon virulenten Phänomen der Ökonomisierung erfasst ist.

1 ÖKONOMISIERUNG DER WERTE, DES MITEINANDERS, DER FREUNDSCHAFT?

Soziologische Beobachtungen in Bezug auf Verschiebungen von Werten, Normen und Verhaltensweisen innerhalb der gesellschaftlichen Systeme in Richtung einer zunehmenden Ökonomisierung sind etwa seit Beginn der 1990er-Jahre vermehrt zu beobachten (vgl. Krönig 2007: 12). Auf Mikroebene und aus systemtheoretischer Perspektive betreffen sie meist das Private, wobei, wie Bergmann (2009: 2) konstatiert, die sozialwissenschaftliche Auseinandersetzung in der Regel nicht den Begriff der Ökonomisierung aufgreift und die Entwicklungen des ökonomischen Systems nur am Rande berührt. Vielmehr wird mit dieser facettenreichen „Ausdehnung der Märkte" (Sandel 2012: 13) bzw. mit der „Vorherrschaft des Marktes" (Saul 1998: 148) eine gesamtgesellschaftliche Entwicklung beschrieben, die den Einzug ökonomischer Handlungsmaximen – Leistung, Wettbewerb, Rationalität, Effizienz – in verschiedene gesellschaftliche Systeme und ihre Lebensbereiche beobachtet und postuliert, diese würden dort zu einem zentralen Denk- und Handlungsmuster: Als latent ablaufender Metaprozess gewinnt die ökonomische (Zweck-)Rationalität als „gesellschaftlich legitime und ethisch legitimierte Form der Begründung und der Koordination von Handlungen" (Winter/Karmasin 2001: 208) an Bedeutung. Ökonomisierung ist also nicht analog zu oder gar synonym mit Wirtschaftlichkeit zu verstehen, sondern sie meint die tendenzielle Überformung von Werten, Normen, Entscheidungen und Handlungen.

Auf dem Prüfstand sind einige idealtypische Kontrastierungen des sozialen Systems, die für soziologische Klassiker wie Max Weber oder Georg Simmel zu den konstitutiven Merkmalen moderner Gesellschaften gehören, etwa die Unterscheidung zwischen Privatheit und Öffentlichkeit resp. zwischen den häuslichen Bereichen und denen der Ökonomie. Aus systemtheoretischer Perspektive sind in diesen Sphären weitgehend solitär voneinander existente, strukturelle Logiken bzw. Kodizes von Werten verortet, die Sinn stiften und den Handelnden zur Orientierung dienen. Fasst man Ökonomisierung also semantisch als Konfundierung oder Verschiebung dieser Logiken bzw. begreift sie als Wandel sozio-kultureller Ideale, Deutungen und Normen, so folgt hieraus sozialer Wandel, der auf Meso- und Mikroebene interpersonale Beziehungen, wie bspw. die der Freundschaft, umschließt.

Die Facetten solcher Veränderungen sozialer Beziehungen sind vielfältig und heute u. a. auch vor der Folie der gesamtgesellschaftlichen Entwicklung zu sehen. Jene hebt die Individualisierung des Einzelnen hervor, ist von zunehmenden räumlichen Distanzen und der Pluralisierung von Lebenskonzepten gekennzeichnet und wird von gesellschaftlichen Leitbildern wie persönlicher Flexibilität, relativer Wahlfreiheit, beruflicher Mobilität oder individueller Selbstverantwortung begleitet.[1] Hinweise in Bezug auf eine Ökonomisierung finden sich diesbezüglich bspw. in der zunehmenden Entgrenzung typischer Alltagsphänomene, etwa der Bereiche der Erwerbsarbeit einerseits und der privaten, häuslichen Lebensführung anderer-

1 Zur gesamtgesellschaftlichen Entwicklung der Individualisierung und ihren Folgen vgl. Beck/Beck-Gernsheim 1994 oder Habermas 1985 – um exemplarisch zwei populäre deutsche Sozialwissenschaftler zu nennen.

seits, welche sich einander immer weiter zu nähern scheinen (vgl. Theisen 2004). Typisch sind auch Diskurse hinsichtlich eines vermehrten Utilitarismus' und bzgl. der Erosion bürgerlicher Tugenden (vgl. Ingelhart 1998) oder die Frage, inwieweit sich die „Privatheit" bzw. als genuin privat verstandene Bereiche elementar verändern (vgl. Jurczyk & Oechsle 2008).

Und die Freundschaft? Ob und inwieweit sie zum einen von dieser individualistischen Entwicklung der Gesellschaft, zum anderen vom Prozess der Vermarktlichung betroffen ist, drängt sich bereits insofern auf, da sie als soziologische Kategorie dem Privaten zugeschrieben wird.[2] Überdies ist bedeutsam, dass die Freundschaft und ihr Wertesystem als ein hohes moralisches Gut betrachtet wird; „unabdingbarer Bestandteil von Freundschaft ist das subjektive Element des Positiven" (Auhagen 1991: 17). So wird die „Freundschaft unter Gleichen" in ihrer tugendhaften Form bereits in der Nikomachischen Ethik von Aristoteles als die höchste Form des zwischenmenschlichen Zusammenseins beschrieben. Sie vereint gemeinhin eine Reihe idealtypischer Eigenschaften und Werte, die im Zuge einer etwaigen Ökonomisierung zu erodieren drohen. Dies sind vor allem die Werte des sozialen Miteinanders, die Gemeinschaften wie die der Freundschaft entstehen lassen und ihrer Stabilisierung dienen, indem durch Aushandlungsprozesse Vertrauen hergestellt und ein Verständnis für die Reziprozität in der Beziehung geschaffen wird.

Postulate im Hinblick auf einen Wandel des Freundschaftskonzepts resp. einer semantischen Verschiebung des Freundschaftsbegriffs sind zunächst vor der bereits genannten Folie der gesamtgesellschaftlichen Entwicklung zu sehen. Diskutiert wird die Tendenz, dass sich Freundschaften von „tiefen Beziehungen" hin zu „lockeren Bekanntschaften" entwickeln (vgl. Stegbauer 2010: 105). Bereits der deutsche Soziologe Georg Simmel weist 1908 in seinen Gedanken zur *Differenzierten Freundschaft* darauf hin, dass sich mit zunehmender Differenzierung der Gesellschaft der aus der Antike stammende, aristotelische Idealtypus der Freundschaft, der auf der ganzen Breite der Persönlichkeit aufbaut und durch absolute reziproke Selbst-Offenbarung gekennzeichnet ist, sukzessive auflöst, da die dafür konstitutive „vollkommene Offenbarung" erschwert und durch die – eher bei Bekannten übliche – Diskretion ersetzt wird (vgl. Simmel 1999: 161ff.). Die Gedanken von Simmel implizieren auch, dass die Freundschaft vermehrt zum einen von zeitlicher und räumlicher Wandlungsfähigkeit, zum anderen von utilitärem und zweckrationalem Handlungsstreben bestimmt ist. Hieran anknüpfend ließe sich ein interpretativer Wandel der Freundschaft vor dem Hintergrund der zunehmend nach innen orientierten Lebensauffassungen der heutigen *Erlebnisgesellschaft* (vgl. Schulze 2005) auch so deuten, dass sich die Freundschaft vermehrt auf Basis von erlebnisgesteuerten Motiven und damit anhand ihres unterhaltungszentrierten Werts konstruiert und eine primär libertäre Interpretation mit sich bringt.

2 Vgl. hierzu Alisch/Wagner 2006, S. 12. Weil sich allerdings der Konstruktionsprozess oder die Bestandsphase nicht autark von öffentlichen Einflüssen vollziehen kann und öffentliche Räume die Freundschaft partiell erst zugänglich machen, ließe sich die Freundschaft, wenngleich im Privaten verortet, auch als ein eigenständig-hybrider Beziehungskosmos betrachten, der im intermediären Bereich zwischen privater und öffentlicher Sphäre angesiedelt ist (vgl. Nötzoldt-Linden 1994: 138f.).

Bei Fragen hinsichtlich einer Veränderung der Freundschaft ist neben diesen Aspekten der gesamtgesellschaftlichen Transformation auch die technologische Entwicklung und insbesondere das Internet als Einflussfaktor zu nennen. Die Dynamik der Online-Adaption ist beeindruckend und elektronische Medien werden heute, ob als Individual- oder Massenmedium, vermehrt für das kommunikative Handeln innerhalb der Gesellschaft verwendet. Dieser unter dem Phänomen der Mediatisierung fassbare Veränderungsprozess der Kommunikationswelt manifestiert sich als Metaprozess des sozialen bzw. kulturellen Wandels (vgl. Krotz 2007), und er beeinflusst die Konstruktion der Wirklichkeit auf vielfältige Weise, bspw. indem technologische, semiotische und wirtschaftliche Merkmale der Medien problematische Abhängigkeiten, Zwänge oder Übertreibungen zur Folge haben (vgl. Schulz 2004: 87) oder indem durch Virtualisierung (Inszenierung und Simulation; vgl. Thiedeke 2001) die Grenzen der gültigen Wirklichkeit verschoben werden.

Besondere Aufmerksamkeit entfällt heute auf das Internet und das Social Net in all seinen Facetten, das gerade mit Blick auf die SNS Fragen in Bezug auf Veränderungen unserer Sozialbeziehungen aufwirft. Unstrittig ist zunächst, dass diese heute vermehrt räumlich verteilt stattfinden und häufig auf elektronischem Wege gepflegt werden (vgl. Döring 2003: 421ff.). SNS reproduzieren dabei soziale Strukturen und bilden Beziehungsnetze in einem medialen Kontext ab, womit das dyadische System der Freundschaft anderen Rahmenbedingungen unterliegt: Auf SNS tritt bspw. jeder Nutzer mit einem individuellen Profil auf, beschreibt freizeitliche Aktivitäten, gibt ggf. die politische Orientierung an und offenbart den anderen Nutzern Wertevorstellungen, Gefühlszustände oder Präferenzen in Bezug auf die ästhetischen Vorstellungen. Kurz: Die eigene Identität und Ideologie manifestiert sich im digitalen Profil, das anderen gegenüber präsentiert und ihnen zur sozialen Beurteilung offeriert wird. Freundschaftsspezifische Praktiken werden virtualisiert und sind für eine mediatisierte Öffentlichkeit einsehbar, was für die Freundschaft – gerade bei Jugendlichen – neue individuelle und soziale Bedeutungszuweisungen zur Folge haben kann.

2 DIE SOZIOLOGISCHE KATEGORIE DER FREUNDSCHAFT

Es stellt sich die Frage, was sowohl Mediatisierung als auch Ökonomisierung für die Freundschaft (Jugendlicher) bedeutet und auf welche Art etwaige konzeptionelle bzw. semantische Verschiebungen empirisch erfasst werden können. Zunächst sei daher ein definitorischer Blick auf die Freundschaft und ihre Charakteristika gelegt, bevor im Weiteren die Spezifika der Freundschaft in der Adoleszenz thematisiert werden.

2.1 Freundschaft als private und nicht-institutionalisierte Sozialform

Die Freundschaft ist in erster Linie der Soziologie zuzuordnen, fand dort jedoch lange Zeit wenig Beachtung. Aufgrund der vorherrschenden Perspektive auf die Freundschaft als nicht-institutionalisierte Privatbeziehung zwischen Menschen ohne soziale Rolle und sozialen Habitus ging man davon aus, dass die Individuen einer soziologischen Analyse nicht zugänglich seien und das Verhalten nur aus der Individualität heraus verstehbar wäre (vgl. Wolf 1996). Mit zunehmender Differenzierung der Gesellschaft stieg jedoch das soziologische Interesse an der Freundschaft, wenngleich der Begriff dort wenig existent ist bzw. häufig durch den des (persönlichen) Netzwerks ersetzt wird (vgl. Stegbauer 2010). Die mikrosoziologische Sicht weist auf die interpersonale Deklaration und Infinität der Freundschaft hin.

Freundschaft ist demnach ein komplexes soziales Phänomen, das als kulturell, historisch und sozial konstruiert betrachtet werden muss. Aufgrund des umfangreichen interpersonalen Aushandlungscharakters und da es sich weder um eine biologisch-dispositionelle noch um eine institutionell-formalisierte Beziehung handelt, wird die Freundschaft häufig im Sinne einer Residualkategorie begriffen. Während bspw. familiale Beziehungskonstellationen asymmetrisch-komplementär angelegt und etwa von Autoritätsverhältnissen in Mutter-Kind-Beziehungen oder von unterschiedlichen Rollenfunktionen in Bruder-Schwester-Beziehungen bestimmt sind, verfügen Freundschaften über einen symmetrischen Charakter, dessen zentrales Merkmal die (hierarchische) Gleichheit darstellt (vgl. Nötzoldt-Linden 1994: 143ff.).

Die Partner müssen Art und Verlauf der Beziehung dabei kontinuierlich neu aushandeln; es entstehen freundschaftsspezifische Werte, Normen und Sanktionen, die nur innerhalb dieser Sphäre Gültigkeit haben. Ein Zugang von Außen ist nur schwer möglich, da die Freundschaft als „nicht-institutionalisierte Sozialform" (Alisch/Wagner 2006: 12) in ihrer Sinngebung stets nur der Definition der beteiligten Individuen unterliegt (vgl. Nötzoldt-Linden 1994: 23). Gleichwohl führt die Vertrautheit sowie die gewohnheitsmäßige – und bisweilen inflationäre – Verwendung des Begriffs im Alltag häufig dazu, dass anderen Personen gegenüber impliziert wird, sie verstünden die Freundschaft im selben subjektiven Bedeutungskontext wie man selbst.

Aufgrund dieser Virulenz und wegen der Variabilität der „subjektiven Inhaltssetzung und Deutungsfreudigkeit" (Nötzoldt-Linden 1994: 26) lässt sich der Wissenschaft weder eine allgemeingültige und auf alle Freundschaftsbeziehungen anwendbare Definition entnehmen, noch ist in der Forschung ein einmütiges Urteil über grundlegend-konstitutive Merkmale der Freundschaft zu erkennen (vgl. Alisch/Wagner 2006: 13). Gleichwohl lassen sich sowohl in der theoretischen Fundierung als auch in der empirischen Forschung[3] einige Charakteristika als Konsens festhalten. Die zentralen Aspekte erfasst die Freundschaftsdefinition von Elisabeth Auhagen (1991: 17):

3 Vgl. zu den grundlegend-empirischen Attributen von Freundschaftsbeziehungen die Arbeit von Alisch/Wagner 2006, die einen Überblick über die Forschungsperspektiven bei Kindern und Jugendlichen bieten.

> Freundschaft ist eine dyadische, persönliche, informelle Sozialbeziehung. [...] Die Existenz der Freundschaft beruht auf Gegenseitigkeit; sie besitzt für jede(n) der Freundinnen/Freunde einen Wert, welcher unterschiedlich starkes Gewicht haben und aus verschiedenen inhaltlichen Elementen zusammengesetzt sein kann. Freundschaft wird zudem durch vier weitere Kriterien charakterisiert: 1. Freiwilligkeit bezüglich der Wahl, der Gestaltung, des Fortbestandes der Beziehung. 2. Zeitliche Ausdehnung: Freundschaft beinhaltet einen Vergangenheits- und einen Zukunftsaspekt. 3. Positiver Charakter: unabdingbarer Bestandteil von Freundschaft ist das subjektive Element des Positiven. 4. Keine offene Sexualität.

Zentrales Merkmal ist für Auhagen die interpersonale, informelle Sozialbeziehung zwischen Menschen, die sich als Dyade kennzeichnet. Auf Mesoebene kann das Dualsystem dabei durchaus in Gruppenstrukturen wie Freundeskreise oder Cliquen eingebettet sein, maßgeblich ist allerdings, dass zwischen allen Individuen eine dyadische Beziehung besteht. Nicht explizit genannt wird von Auhagen der bedeutsame Aspekt, dass es sich um eine nicht-hierarchisierte Beziehungskonstellation handelt, die von einem gleichberechtigten Zugang (ohne Wissens- und Erfahrungsvorsprünge) gekennzeichnet ist und in welcher sich die Individuen mit ihrer individuellen Persönlichkeit, d. h. ohne sozialen Status und ohne soziale Rolle, gegenüberstehen (vgl. Nötzoldt-Linden 1996: 143; Kolip 1993: 82f.; Kon 1979: 9). Einigkeit besteht in der Forschung zur Freundschaft hinsichtlich der positiven Konnotation des Begriffs in Bezug auf die Freiwilligkeit der freundschaftlichen Bindung sowie im Hinblick auf die Reziprozität bzw. die wechselseitige Zuneigung der Partner (vgl. Alisch/Wagner 2006: 13; Kolip 1983: 82; Kon 1979: 8; Nötzoldt-Linden 1994: 145). Andere typische und oft genannte Charakteristika, wie etwa die Gleichgeschlechtlichkeit oder die grundsätzliche Homogenität in Bezug auf das Verhalten oder entlang von Persönlichkeitsmerkmalen, sind hingegen kontrovers (genannt sei etwa die oft postulierte „Gleichheit" der Ähnlichkeitshypothese) (vgl. Alisch/Wagner 2006: 13).

2.2 Spezifika der Freundschaft bei Jugendlichen

Eine wichtige Rolle übernimmt die Freundschaft im Rahmen der Adoleszenz: Die Jugend- bzw. Adoleszenzphase ist nicht nur in physischer Hinsicht ein tiefgreifender Eingriff in die Persönlichkeit, sondern vor allem ein entwicklungsspezifischer Prozess, in dem multiple Bewältigungsstrategien erlernt werden, die der Auseinandersetzung mit den Anforderungen der Gesellschaft dienen und den Umgang mit ihren Herausforderungen ermöglichen. In Anlehnung an Havinghurst (1982 [1948]) entwickeln die Jugendlichen hierbei u. a. eine intellektuelle und soziale Kompetenz sowie ein Werte- und Normensystem, mit welchem sie in den kulturellen und politischen Sphären der Gesellschaft agieren können.

Da der Einfluss und die Bedeutung der Eltern im Rahmen der Adoleszenz abnimmt, die Anforderungen der Gesellschaft an die Jugendlichen aber stetig zunehmen, fungiert vor allem der Umgang und die Auseinandersetzung mit ihren Peers, d. h. mit den als Interaktionspartnern akzeptierten und (sozio-ökonomisch) gleichgestellten Jugendlichen (vgl. Krappmann 2010: 200f.) als Sozialisationsinstanz. So lernen die Jugendlichen durch Perspektivübernahme und Ko-Konstruktion (vgl.

Youniss 1980) die egozentrierte Sicht und die auf unilaterale, materialistische Bedürfnisbefriedigung ausgelegten Handlungsmotive der Kindheit und frühen Adoleszenz abzulegen, indem sich durch Selbst-Offenbarung und Identifikation ein Verständnis von Reziprozität und Interdependenz manifestiert (vgl. Selman 1981). Die Freundschaft beinhaltet hierfür wichtige wechselseitige Abstimmungsprozesse und Lernerfahrungen, mit welchen Werte, Normen und Verhaltensweisen ausgehandelt und entwickelt werden: Die in der Kindheit durch Perspektivübernahme gemachten Erfahrungen, etwa dass rein egozentrierte Handlungsmotive zu interpersonalen Konflikten führen und die Beziehung langfristig zerbricht, werden auf eine normative Ebene übertragen (vgl. Youniss 1980). Die Freundschaft kann nun gegenüber bloßen Bekanntschaften abgegrenzt werden; sie wandelt sich zu einer auf Vertrauen gegründeten symmetrischen Verbindung, die auf soziales Handeln ausgelegt und qua Verständnis von Werten wie Empathie, Hilfsbereitschaft oder Reziprozität bestimmt ist.

Die Peer-Groups und Freundschaftsbeziehungen sind in diesem Zuge Träger des sozialen Kapitals bei Jugendlichen: Subjektiv als wichtig empfundene Themen, die bspw. Erwachsene nicht ernst nehmen, meiden oder die tabuisiert sind, können angesprochen und diskutiert (vgl. Fend 2005: 306), gruppenspezifische Werte und Verhaltensregeln entwickelt und gelebt werden (vgl. Krappmann 2010: 200f.). Durch gemeinsame Charakteristika – wie Rituale, Sprache, verwendete Codizes oder Verhaltensweisen – übernimmt das Freundschaftssystem auch eine Art Schutzfunktion: Es dient der physischen und psychischen Distinktion gegenüber anderen sozialen Sphären, wie der Erwachsenenwelt, der Schule oder dem Elternhaus, da es weder deren Konformitätsdruck noch deren Sinngebung unterliegt.

Dementsprechend positiv sind die sozialkapitalrelevanten Effekte der Freundschaft: So hilft die Freundschaft dabei, Egozentrismus zu überwinden und ein realistisches Selbstbild zu entwickeln (vgl. Hurrelmann/Quenzel 2004: 129) und hat meist positive Effekte auf die Einstellung gegenüber der Schule und die Mitarbeit im Unterricht (vgl. Fend 2005: 309). Jugendliche mit bestehenden Freundschaftssystemen sind meist sozial kompetenter, gelten als prosozialer, zeigen mehr Altruismus und besitzen ein höheres Selbstbewusstsein (vgl. Uhlendorff et al. 2008: 520f.).

3 MEDIATISIERTE FREUNDSCHAFTEN

Wie sich bisher gezeigt hat, kann der Umgang mit den Peers sowie die Aneignung der mit der Freundschaft verknüpften Werte, Normen und Verhaltensweisen letztlich als eine Art Entwicklungsaufgabe betrachtet werden. Die Freundschaft – und das Erlernen und Leben ihrer Werte – wird heute zunehmend von den technischen Entwicklungen beeinflusst: So hat bspw. die Digitalisierung mit all ihren Facetten die Informationsverarbeitung forciert, die Informationsgewinnung über andere Personen vereinfacht oder die Informationsverbreitung ausgeweitet; der Freundschaft hat sie einen neuen, medialen Zugang geschaffen und ihr bei der Praktizierung im Alltag neue Möglichkeiten der „Kontaktpflege" eröffnet. Der Frage, ob und inwieweit sich diese mediale Ko-Existenz der Freundschaft auf ihre Konzeptualisierung auswirkt, soll im Folgenden zunächst mit einem Blick auf den gegenwärtigen Stand der empirischen Forschung nachgegangen werden.

3.1 Freundschaft auf Social Network Sites

Im Zentrum dieser medialen Ko-Existenz der Freundschaft stehen die SNS, da sie explizit für das eigene Beziehungsnetz geschaffen sind und qua Struktur vielfältige Möglichkeiten zur Partizipation und für die Vernetzung und den Austausch mit Freunden anbieten (vgl. Ellison/Boyd 2007).

Gerade bei Jugendlichen sind SNS heute die zentrale Anwendung im Internet: Wie die aktuelle JIM-Studie[4] zeigt, haben gegenwärtig 87 Prozent der 12- bis 19-Jährigen in Deutschland ein Profil auf einer SNS (vgl. JIM 2012: 40). Dieses wird von immerhin 75 Prozent der 14- bis 29-Jährigen täglich genutzt (vgl. Busemann 2013: 393). Die populärste Plattform unter den SNS ist Facebook, welches sich seit Gründung im Jahr 2004 (seit 2008 in deutscher Sprache verfügbar) zur populärsten Angebotsform entwickelt hat. Bei den Jugendlichen liegt Facebook heute sowohl bei der subjektiven Wichtigkeit als auch bei den Nutzungszahlen vorn (vgl. Busemann 2013; Busemann et al. 2012).

Die wesentliche Gratifikation von SNS ist das Beziehungsmanagement, also die Kontaktpflege bzw. die Interaktion mit dem persönlichen Netzwerk.[5] SNS reproduzieren soziale Strukturen und spiegeln weitgehend die Spezifika und Strukturen des im Offline konstituierten Beziehungsnetzes wieder; Jugendliche – wie auch Erwachsene – bilden hauptsächlich das in ihrem räumlichen Nahfeld existierende Netzwerk ab (vgl. Autenrieth et al. 2011; Boyd 2008 und 2010; Lewis et al. 2009), welches auch bei der Interaktion im Vordergrund steht (vgl. Chun et al. 2008; Wilson et al. 2009). Die ursprünglich von bspw. Rheingold (1993) erhoffte Veränderung hin zu einer neuen, heterogenen Gemeinschaftsbildung, im Zuge welcher sich mit den „virtuellen Gemeinschaften“ Personen losgelöst demografischer, soziokultureller bzw. sozio-ökonomischer Attribute zusammenfinden und neue Formen des Zusammenlebens und des Aushandelns von Werten und Normen erproben, bleibt somit weitgehend unberücksichtigt. Ähnliches gilt aber auch für frühe, primär medienkritische oder technikdeterministische Perspektiven, die etwa von einer Substitution des Face-to-Face-Kontakts ausgingen (vgl. Beninger 1987; Berry 1994; Kraut et al. 1998), oder am Konstruktivismus orientierte befürchteten, das Internet brächte aufgrund der Absenz körperlicher Ko-Präsenz und der „oberflächlichen“ Kommunikation negative Effekte auf das Interpersonale mit sich, wie bspw.

4 Repräsentativ angelegte Längsschnittstudie des Forschungsverbunds Südwest zum Medienumgang 12- bis 19-Jähriger (n = 1182) in Deutschland.

5 Eine aktuelle Übersicht der Forschungsperspektiven zu den Nutzungsmotiven bzw. dem Nutzen von SNS gibt Leiner 2012. Die Gratifikationen des „Beziehungsmanagements“ überwiegen bspw. gegenüber denen der Unterhaltung, Abwechselung, Neugier oder Informationsbeschaffung (vgl. ebd.).

einen Rückzug in die Privatheit (vgl. Putnam 2000) oder eine Vereinsamung und die soziale Isolation des Einzelnen (vgl. Kiesler 1996; Van Dijk 1994).[6]

3.2 Freundschaft und Sozialkapital

Mit Blick auf die empirische Forschung zu den konstitutiven Wirkungen des Internets und den Effekten der Nutzung von SNS in Bezug auf Sozialbeziehungen lässt sich – kursorisch betrachtet[7] – zunächst vielmehr festhalten, dass

- das für sozial-kommunikative Tätigkeiten im Offline verwendete Zeitbudget insgesamt ebenso wenig reduziert wird wie die Häufigkeit von Face-to-Face-Kontakten
- vielmehr sowohl über kurze als auch über lange Zeit neue Formen der elektronischen Kommunikation und Interaktion entstehen, welche die bereits bestehenden Möglichkeiten im Umfang ergänzen,
- die für die soziale Interaktion mit dem persönlichen Netzwerk investierte Zeit insgesamt ansteigt.

Dementsprechend ist den Jugendlichen der überwiegende Teil der Personen auf der Kontaktliste von SNS auch physisch bekannt: So geben bspw. in der JIM-Studie aus dem Jahr 2011 96 Prozent der Jugendlichen an, fast alle Freunde ihres Profils auch persönlich zu kennen (JIM 2011: 49). Wie die Arbeit von Mesch und Talmud (2006) gezeigt hat, finden dabei mit Blick auf den präferierten Kontaktkanal alle von den Jugendlichen subjektiv als wichtig eingestuften Beziehungen mitsamt ihrer sozialen Interaktion im Offline statt. Auch Befragungsstudien aus dem deutschsprachigen Raum, wie die von Autenrieth et al. (2011), kommen zu einem kongruenten Ergebnis und verweisen auf den elementaren Stellenwert der Face-to-Face-Kommunikation, sofern es sich um intime Themen der Beziehungspflege handelt.

Gleichwohl ist auch die Online-Interaktion für Jugendliche ein wichtiges Element der Kontaktpflege. Die Dualität von Online und Offline bei den Freundschaftsbeziehungen Jugendlicher beschreibt Boyd (2010) wie folgt:

> For most teens, social media do not constitute an alternative or virtual world. They are simply another method to connect with their friends and peers in a way that feels seamless with their everyday lives. [...] When teens are involved in friendship-driven practices, online and offline are not separate worlds – they are simply different settings in which to gather with friends and peers. Conversations may begin in one environment, but they move seamlessly across media so

6 In Bezug auf Privatheit bezieht sich der gegenwärtige wissenschaftliche Diskurs bspw. vielmehr auf – aus medienethischer Sicht problematische – Trends wie die „Veröffentlichung des Privaten“ (vgl. Grimm/Zöllner 2012) und fragt etwa, ob dies zu einem Wandel des Privatsphäreverständnisses führe (vgl. Grimm/Neef 2012) bzw. wie sich die Privatheit auf SNS schützen ließe (vgl. Funiok 2012).

7 Vgl. hierzu – um exemplarisch diverse Arbeiten aus dem angelsächsischen Raum aufzuführen – Boase et al. 2006; Franzen 2000; Rainie et al. 2011; Kraut et al. 2004. Einen Überblick der Forschungsperspektiven zu den Wirkungen des Internets in Bezug auf Sozialbeziehungen (mit ähnlichem Tenor) findet sich bspw. bei Wang/Wellmann 2010; speziell mit Blick auf SNS und Facebook vgl. Weissensteiner/Leiner 2012.

> long as the people remain the same. Social media mirror, magnify and extend everyday social worlds. (Boyd 2010: 89)

SNS sind also weder in eine idealtypische Kontrastierung einzuordnen noch im Sinne einer Dichotomie von Online oder Offline zu verstehen. Vielmehr dürfen sie auch als eine soziale Ressource begriffen werden, die sich gegenüber typischen Offline-Kontexten komplementär verhält, neue Interaktionssituationen konstituiert und bspw. ein hilfreiches Mittel darstellt, um räumlich-entfernte Kontakte zu pflegen oder um andere Jugendliche näher kennenzulernen. Die Arbeit von Ellison et al. (2007) hat gezeigt, dass SNS wie Facebook signifikant positive Effekte auf das brückenschlagende Sozialkapital[8] mit sich bringen, indem die interpersonale Vernetzung mit bestimmten Personen des Netzwerks zunimmt. Dies resultiert daraus, dass auf elektronischem Wege zum einen schwächer ausgeprägte, zum anderen räumlich-verteilte Sozialbeziehungen mit einem für die Personen vertret- und leistbaren Aufwand gepflegt werden können.

Wie bei Erwachsenen kann die Nutzung von SNS auch bei Jugendlichen positive Effekte mit sich bringen und zur Akkumulation von Sozialkapital führen. So zeigt etwa die Arbeit von Buote et al. (2009) mit Blick auf das Bindungsverhalten von Jugendlichen, dass jene, die introvertiert sind, Angst vor Ablehnung oder ein eher negatives Selbstbild haben, von Online-Kontakten profitieren. Anders als in Situationen körperlicher Ko-Präsenz können sie auf SNS länger und eingängiger über Mitteilungen nachdenken, Kommentare reflektieren und diese kognitiv verarbeiten. Die mediale Pflege von Freundschaftsbeziehungen liefert diesen Jugendlichen im Sinne einer ‚Familienerweiterung' Anerkennung, Sicherheit und Wertschätzung (vgl. ebd.).

Nicht nur mit Blick auf die Persönlichkeitsattribute und das Bindungsverhalten von Jugendlichen können SNS sozialkapitalrelevant sein, sondern auch in Bezug auf ihr soziales Umfeld: Mesch/Talmud (2006) oder Boyd (2010) zeigen etwa, dass das Fehlen sozialer Unterstützung bzw. eines stabilen Umfelds im Offline durch die Nutzung des Internets und die von SNS kompensiert werden kann, indem persönliche Unsicherheiten oder soziale Missstände nicht Gegenstand der Kommunikation werden, sondern überwunden werden. So suchen bspw. soziale Minoritäten von Jugendlichen, die in ihrem sozialen Beziehungsnetz und in der Schule eher isoliert oder ausgegrenzt sind (weil sie z. B. nicht der Heteronormativität entsprechen oder in ihrer physischen Erscheinung als unattraktiv gelten), außerhalb ihres räumlichen Nahfelds nach Verbindungen zu anderen Jugendlichen. Der Kontakt zu ‚Gleichgesinnten' und die Anknüpfung quasi online-basierter Freundschaftsbeziehungen schafft soziale Nähe und liefert den Jugendlichen emotionale Unterstützung.

Festgehalten sei insofern, dass mit den von klassischen Interaktionsparadigmen und gängigen Theorien zur Kanalreduktion (vgl. Döring 2003: 149ff.) postulierten

8 Unter dem brückenschlagenden Sozialkapital (Bridging Social Capital, Putnam 2000) ist Sozialkapital zu verstehen, welches aus dem Kontakt zu – primär – schwachen Bindungen (Weak Ties) entsteht. Es handelt sich im Gegensatz zum bindenden Sozialkapital (Bonding Social Capital) meist um einen informationellen Nutzwert, der im Kern aus der eher locker ausgelegten Vernetzung mit Individuen (mit heterogenen Merkmalen, Erfahrungen, Meinungen) resultiert.

Nachteilen elektronisch-vermittelter Kommunikation, wie dem Fehlen non-, para- und extra-verbaler Eindrücke, den enthemmenden Effekten bei der Selbstoffenbarung oder der – häufig kritisierten – Anonymität bei Jugendlichen auch positive Effekte einhergehen können.

3.3 Ökonomisierung im Social Net?

Wirft man einen Blick auf die Effekte hinter dieser empirisch-messbaren Ebene des Nutzens und betrachtet die habitualisierte Vernetzung und die gängigen Praktiken Jugendlicher im Social Net (und bezieht ggf. auch die Intentionen und das Geschäftsmodell eines international agierenden Unternehmens wie Facebook mit ein), so wirft dies eine Reihe kritischer Fragen auf, die mit Blick auf die Ökonomisierung, die Freundschaft und ihr Wertesystem relevant sind.

Bereits das grundlegende Geschäftsmodell und die gängige Geschäftspolitik von Facebook, die letztlich nur auf die Akkumulation und Aggregation möglichst vieler, möglichst detaillierter und möglichst persönlicher Informationen ihrer Nutzerschaft (2014 fast eine Mrd. Menschen) abzielt, um diese ihrer Werbekundschaft zu veräußern, verleiht einer (system-)theoretischen Reflexion unstrittig eine gewisse Legitimation. Mit Blick auf die häufig lediglich gewohnheitsmäßige Vernetzung der Individuen oder hinsichtlich der Benennung der eigenen Kontakte auf Facebook als ‚Freund' bzw. ‚Friend' ließe sich – weit ausgelegt – im Sinne gängiger Habitualisierungs- und Kultivierungshypothesen fragen, inwieweit bereits dies eine semantische Veränderung des Freundschaftsbegriffs bewirkt.

Bedeutsam ist zunächst die Darstellung der eigenen Person: SNS sind explizit zur Selbstdarstellung entwickelt und sie implementieren – erst recht mit der im Jahr 2012 auf Facebook eingeführten *Chronik* – qua Struktur vielfältige Möglichkeiten für diese Form des Identitätsmanagements. Aufgrund der standardisierten Profilelemente und wegen der (z. T. komplett öffentlichen) Sichtbarkeit dieser Informationen sind SNS wie Facebook für Differenzbeobachtungen und soziale Vergleiche offen. Sie beziehen sich sowohl auf quantitative Dimensionen (etwa die Anzahl an Kontakten, die Teilnahmen an Veranstaltungen oder die Summe erhaltener Kommentare), als auch auf qualitative Dimensionen (etwa die Inhalte von Gesprächen oder die Attraktivität von Bildern).

Die Quantifizier- und Messbarkeit sowohl personaler als auch sozialer Attribute wird im Sinne von Attraktivitätsindikatoren genutzt, um Urteile über dritte Personen und die Freunde zu formen: Die Arbeit von Utz (2010) hat z. B. gezeigt, dass sich bereits die reine Quantität der Kontakte auf der Freundesliste auf die Attraktivität der Person auswirkt. Tong et al. (2008) und Walther et al. (2008) weisen nach, wie bedeutsam die Quantität und Qualität der Inhalte für die Persönlichkeitsbeurteilung sind: Die Zusammensetzung der Freundesliste, die (physische) Attraktivität der eigenen Kontakte, positive Pinnwandeinträge von Freunden oder attraktive Bilder haben einen starken Effekt auf die soziale Beurteilung der Person und führen zu Wertzuschreibungen und Kausalattributionen in Bezug auf bspw. Persönlichkeitsmerkmale, die Popularität und Beliebtheit der Person im Netzwerk oder hinsichtlich ihrer sozialen Fähigkeiten.

Mit Blick auf die Frage einer Ökonomisierung der Freundschaft bzw. eines Wertewandels sind diese Praktiken auf SNS insofern bedeutsam, da sie es ermöglichen, Urteile über Personen anhand (quantifizierbarer) Elemente zu formen. Um von anderen Personen dabei positiv bewertet zu werden, sind die Nutzer erstens zur Partizipation, zweitens zur Selbstoffenbarung und schließlich drittens zur Partizipation und Vernetzung quasi verpflichtet. Diese notwendige Form der Ökonomisierung des Selbst wird – um die Gedanken der US-amerikanischen Soziologin Sherry Turkle (2011) aufzugreifen – bestimmt von der dem Menschen inhärenten Exklusionsangst, nicht Teil des Netzwerks zu sein. Er schützt sich, indem er ein soziales Netz um sich herum aufbaut, sich vernetzt, exponiert bzw. expressiv darstellt. In ähnliche Richtung argumentiert auch der Soziologe Vincent Miller (2008), der die habitualisierten Interaktionspraktiken und die „oberflächliche" Vernetzung im Rahmen von SNS wie Facebook mit dem Etikett der *phatischen Kultur* versieht: Die Partizipation in SNS dient zwar der Akkumulation von Sozialkapital, doch zielt dieses aufgrund der informationell-orientierten, kurzlebigen und inhaltlich meist trivialen Kommunikation auf möglichst viele Verbindungen ab, wobei die Quantität der Verbindungen gegenüber der Qualität der geteilten Inhalte überwiegt.

Diese Form der Vernetzung etabliert also nicht nur eine Ökonomisierung der Freundschaft, sondern impliziert letztlich auch einen qualitativen Wandel im Bedeutungsgehalt und Wertgefüge: Intime und durch Vertrauen statuierte enge Sozialbeziehungen werden zu Verbindungen; zu einer quantitativen Ressource hoher Dichte, aber geringer inhaltlicher Tiefe. Im Zentrum des Freundschaftskonzepts stünde – so das Postulat – nicht die emotionale Verbundenheit, persönliche Nähe oder die Intimität, sondern die soziale Konnektivität per se und ihre Anzahl an Entitäten, die durch habituelle mediale Praktiken signifiziert sind, indem auf peripherer Ebene Zusammengehörigkeit signalisiert (aber nicht „gelebt") wird.

Neben diesen genannten Facetten der Ökonomisierung auf SNS – Selbstdarstellung, sozialer Vergleich, Exklusion und habitualisierte Vernetzung – ist auch das Phänomen der Privatheit zu nennen, das mit den obigen Aspekten eng verknüpft ist. In gewisser Weise ist der Verzicht auf Privatheit resp. zumindest die Preisgabe personenbezogener Daten Bedingung für die Teilnahme an SNS, denn sie ist „die Grundvoraussetzung für jede soziale Beziehung und ist Bestandteil jeder Kommunikation. Sie ist essenziell, um soziale Nähe herzustellen [...]." (Grimm/Neef 2012: 50)

Anders als in alltäglichen Situationen körperlicher Ko-Präsenz und bei der Face-to-Face-Kommunikation unterliegt das Private allerdings veränderten Rahmenbedingungen. Selbstoffenbarte Informationen werden technisch erfasst, archiviert, protokolliert und sie können (recht einfach) dupliziert und über den intendierten Bezugskreis hinaus weitergegeben werden. Die Kontrolle über die eigenen Daten ist zumindest erschwert, mit Blick auf z. B. den Plattformbetreiber Facebook so gut wie nicht möglich. Informationen über die eigene Person sind zudem nicht nur dem physischen Gegenüber zugänglich, sondern werden einem erweiterten Adressatenkreis – zumindest aber dem eigenen sozialen Netzwerk, d. h. den „Facebook-Freunden" – offenbart. Durch diese Visualisierung des Netzwerks entstehen „Public Displays of Connection“ (Boyd 2007: 13), die von Dritten eingesehen werden. Sie sind gerade für Jugendliche problematisch und können durch Verletzung der kontextuellen Integrität (vgl. Nissenbaum 2011) etwa zu Konflikten führen, indem „known, but inappropriate others“ (Livingstone 2008: 405), wie Erwachsene oder die Eltern, Zugang zu Informationen erhalten, die eigentlich für die Peers bzw. für die Freunde gedacht sind. Dabei können Jugendliche die Folgen dieser Duplizierbarkeit und der Veröffentlichung des Privaten häufig nicht ausreichend reflektieren und sie tendieren ohnehin dazu, auf SNS mehr von sich preiszugeben als ältere Personen.[9]

Im Grunde ist es also das Paradigma der Freundschaft als Privatbeziehung, das im medialen Umfeld – zumindest in Teilen – zur Disposition gestellt wird. Dies gilt insbesondere, da der Wert des Privaten auf SNS mit anderen Werten bzw. Gratifikationen, wie etwa dem Bedürfnis nach sozialer Interaktion bzw. sozialer Nähe, konkurriert. Es ist zu fragen, wie Jugendliche mit dieser Ambivalenz umgehen und inwieweit die Privatheit der Freundschaft bspw. rationalisiert wird bzw. was es für die Freundschaft generell bedeutet, wenn die Dyade auf SNS visualisiert, entkontextualisiert und Dritten gegenüber „veröffentlicht“ wird.

4 EMPIRISCHE BEFUNDE

Die vorangegangene Auseinandersetzung sowohl mit der Freundschaft bei Jugendlichen als auch mit den SNS und den dort habitualisierten Verhaltensweisen haben gezeigt, wie facettenreich nicht nur die unterschiedlichen Perspektiven sind, sondern auch, warum mit Blick auf die Freundschaft die Frage nach einem Wandel des Konzepts, einer semantischen Verschiebung oder einer Ökonomisierung gestellt werden darf.

Die Untersuchung dieses Beitrags versucht diese Fragen qualitativ-empirisch zu fassen.[10] Das qualitative Sample (n = 15) aus Jugendlichen zwischen 17 und 19 Jahren (acht weibliche, sieben männliche Teilnehmer) wurde im Rahmen von acht Einzelinterviews und drei Fokusgruppen befragt. Beim Befragungsverfahren handelt es sich um das von Flick (1995) entwickelte *Episodische Interview*, das Aspekte narrativer Interviews mit Aspekten problemzentrierter Leitfadeninterviews verknüpft und sowohl die Exploration von episodischem Wissen, d. h. impliziten Sachverhalten, als auch das von semantischem Wissen, d. h. bereits durch den Interviewten gedeutete bzw. interpretierte Sachverhalte, ermöglicht. Aufgrund der geringen Stichprobengröße wurde – im Sinne qualitativer Sättigung – eine bewusste, selektive Stichprobenauswahl vorgenommen und auf eine geringe Variation im Sample geachtet.[11] Als Auswertungsmethode kommt eine Kombination aus

9 Siehe hierzu bspw. die repräsentativ angelegte Studie von Taddicken 2011.

10 Vgl. hierzu ausf. Trost 2013.

11 Die selektive Auswahl zielte auf eine homogene Konfiguration des Sample ab: Bei den Jugendlichen handelt es sich um Erstsemester-Studierende und um Gymnasiasten der Oberstufe aus dem Stuttgarter Raum. Die Konzentration auf ältere Jugendliche gewährleistet den episodisch-narrativen Zugang, da diese im Rahmen ihrer Biografie vielfältige Erfahrungen gesammelt

qualitativer Inhaltsanalyse und gegenstandsbezogener Theoriebildung (*Grounded Theory*) zum Einsatz.

4.1 Facebook im Alltag der Jugendlichen

Mediale Kommunikation ist in die Mediennutzungskultur der befragten Jugendlichen fest integriert und gerade Facebook spielt im alltäglichen Umgang mit dem Freundeskreis eine zentrale Rolle. Der Erstkontakt der Jugendlichen mit Facebook fand in den Jahren 2009 und 2010 statt, wobei die Jugendlichen unisono von einer Art Netzwerkeffekt (*Diffusionstheorie*, Markus 1987) berichten, der auf eine kritische Masse der auf Facebook aktiven Freunde schließen lässt:

> Marcel (18): Ja, das war so: Alle war'n bei Facebook, keiner war mehr bei Kwick – musste man sich halt irgendwie ummelden. Also, ich hab' Facebook am Anfang gar nich' gemocht. Ich hatt' 'nen Account, hab's nich' gemocht, hab' mich wieder abgemeldet. [...] Hab's dann wieder reaktiviert und mich dann noch mal neu angemeldet, als es dann wieder nicht mehr ging und dann alle wirklich schon zu Facebook rüber sin'. Dann war man echt nicht mehr mit den Leuten in Kontakt [...].

Obiger Auszug ist letztlich charakteristisch für eine Reihe von Äußerungen, in denen sich eine Dissonanz zeigt: Auch wenn Facebook – wie von der hier exemplarisch referenzierten Person – zunächst abgelehnt wird (genannt werden bspw. auch Gründe zum Schutz der Privatsphäre), so manifestiert sich nach einer gewissen Zeit, d. h. wenn viele der eigenen Peers zu Facebook gewechselt sind, ein sozialer Konformitätsdruck. Bestimmt wird dieser dadurch, dass die gemeinsame Nutzung von Facebook mit zunehmendem Alter durch normative Medienwahl (*Social Influence Model*, Fulk/Schmitz/Steinfield 1990) quasi vorgegeben und in der Peer-Group der Jugendlichen reguliert ist.

Die gemeinsame Mediennutzung von Facebook lässt sich dabei anhand von zwei Basisdimensionen fassen: Zu einen ist die freundschaftsspezifische Verwendung von Facebook als habituelle, ritualisierte Form der Medienaneignung zu verstehen: So beschreiben die Jugendlichen, wie die gemeinsame Nutzung von Facebook mit ihren Peers ritualartig in ihren täglichen Ablauf integriert und im Alltag von Schule und Freizeit verhaftet ist: Facebook wird bspw. häufig bereits kurz nach dem morgendlichen Aufstehen aufgerufen, um sich mit den Freunden auszutauschen. In Momenten des Alleinseins wird die monotone Situation um interpersonale Kommunikation angereichert, etwa bei den Hausaufgaben, während der S-Bahn-Fahrt oder bei der Rezeption unilateraler Medieninhalte wie dem Fernsehen. Motivationale Faktoren finden sich primär in der Zerstreuung, der Ablenkung und dem Zeitvertreib, aber auch in der Affiliation bzw. im Bedarf nach sozialer Nähe.

Die zweite Form der Nutzung von Facebook lässt sich als eine intentionale, funktionell-instrumentelle Medienaneignung fassen. Die Jugendlichen nutzen die

haben, von denen sie mit Blick auf die Freundschaft (auch interpretativ) berichten können. In Bezug auf die Validität der Ergebnisse dieser Untersuchung ist zum einen die Differenz im Mediengebrauch von Jugendlichen mit hohem Bildungshintergrund, zum anderen die eher hohe Affinität der Probanden im Umgang mit elektronischen Medien zu berücksichtigen.

gesamte Palette der Funktionen von Facebook, um mit ihren Peers und Freunden in funktionellen Kontexten zu interagieren. Über Gruppenfunktionen verwenden sie Facebook bspw. in der Schule und im Studium nahezu täglich zur formalen Abstimmung von Terminen oder für die kollaborative Bearbeitung von Aufgaben; im Privaten und in der Freizeit zur Organisation und Planung von Ausflügen, von Urlauben, von Partys oder schlicht dem Informationsaustausch mit der Clique über Themen ihres täglichen Lebens:

> Lisa (19): Bei uns sind alle im Freundeskreis auf Facebook. Und, ja, da läuft eigentlich alles d'rüber: Früher hast du halt einfach so rumgeschrieben. Heute is' das mehr so: Du brauchst das in unserer Gruppe allein schon, weil wir da alles organisieren, also Geburtstage, Feiern, Ausflüge und so weiter. [...] Im Studium is' eh klar: Da ham wir 'ne Jahresgruppe wo's die Infos gibt und halt Zeug geteilt wird – und so. Is' da halt so, ja, wie 'ne Arbeitsplattform.

Typisch sind bei dieser Nutzungsform funktionelle Nützlichkeitszuschreibungen, bei welcher auch ökonomische Gesichtspunkte genannt werden. So ist Facebook ein „praktisches Tool“ und im Umgang „effektiv“, „komfortabel“ und „schnell“ bzw. „einfach easy“ und in seiner instrumentellen Rolle als das „Equipment“ bzw. „Baustein“ für das tägliche Leben zu betrachten.[12]

Mit zunehmendem Alter ändert sich die Rolle von Facebook, wobei die subjektive Wichtigkeit zunimmt. Während es von den jüngeren Jugendlichen vermehrt zum „Spaß“, zum Zeitvertreib oder für die Zerstreuung und Ablenkung eingesetzt wird, übernimmt es im Altersverlauf sukzessive die oben genannten, organisatorischen und instrumentell-orientierten Funktionen. Nützlichkeitszuschreibungen bei der Aneignung von Facebook beziehen sich nun auf soziale Konstruktionen im Sinne organisationaler Vorgaben und Vereinbarungen im Freundeskreis. Darüber hinaus werden praktische Nutzwerte artikuliert:

> Sarah (18): Das ist halt so wie ein Forum, wo viele Leute mitdiskutieren und man sich leichter organisieren kann. Grade bei E-Mails, da ist's ja schwierig. [...] Bei Facebook kann jeder von jedem das sehen und das ist einfach einfacher, als wenn man telefoniert, und man muss dann zum Beispiel immer wieder zurücktelefonieren – und hin und her. Bei Facebook kann man das einfach alles auf einmal machen. Es ist viel einfacher, sich in Gruppen zu organisieren.

Auf argumentativ-theoretischer Ebene sprechen die Jugendlichen zwar davon, dass es „auch ohne Facebook ginge“ und Facebook für die Freundschaft im Prinzip „gar nicht so wichtig“ sei; gleichzeitig argumentieren sie jedoch, meist unbewusst, mit praktischen Sachzwängen im Sinne von Rechtfertigungsmustern, wobei sie Facebook zur Norm erheben und auf restriktive Folgen für ihre Alltagswelt und Freundschaftsbeziehungen verweisen. Der potenzielle Verzicht auf Facebook – ob bewusst gewählt oder durch exogene Einflüsse oktroyiert – ist für die Jugendlichen häufig bereits in der Vorstellung unangenehm und führt meist zu reflexartigem Unwohlseien, das sie selbst nicht genau erklären oder beschreiben können:

> Ayse (19): Heute ist es irgendwie so, dass man vor der Tür steht und sagt per Facebook: „Hey, mach mal auf oder komm mal raus!“ Auch diese Mobilität, diese ständige Erreichbarkeit, dieser Druck, die ganze Zeit auch Informationen von 'ner Person oder von Freunden ham zu müssen.

12 Bei den hier und im Folgenden in doppelten Anführungszeichen aufgeführten Begriffen, Phrasen und Idiomen handelt es sich um Äußerungen, die von den Jugendlichen gemacht wurden.

> Ich denk', früher war das nicht so. Ich denk', das war früher sogar ein bisschen einfacher. Man hat angerufen oder man ist hingegangen und hat gesagt: „Hey, ich bin da – lass uns was machen." Man war nicht die ganze Zeit diesem Informationsfluss ausgeliefert, wie man's jetzt ist.

So artikulieren die Jugendlichen, man sei „gezwungen", werde „genötigt" oder müsse „einfach teilnehmen", da man Facebook heute „ausgeliefert" sei. Damit postulieren die Jugendlichen sowohl explizit und auch implizit, dass Facebook heute ein obligatorisches Kommunikationsmittel in ihrer Lebenswelt darstellt, wobei die Absenz negative soziale Konsequenzen hat. Facebook macht es – so die dem Gesagten häufig inhärente Botschaft der Jugendlichen – erst möglich, am Leben und an der Kultur von Cliquen teilhaben zu können.

Den Alltag ohne Facebook und andere Formen computervermittelter Kommunikation, etwa im Rahmen längerer Verzichtssituationen im Urlaub, erleben die Jugendlichen ambivalent und auf mehreren Ebenen als defizitär: Zunächst wird Facebook als ständiger Alltagsbegleiter vermisst. Das Gefühl des Verzichts ist den Jugendlichen zunächst unangenehm, da etwas, das im Grunde immer verfügbar ist, nun fehlt. Ein Habitualisierungseffekt wird in den Narrationen evident und er führt dazu, dass sich die Jugendlichen in monotonen oder „langweiligen" Kontexten, die sonst durch den Zugriff auf Facebook angereichert und quasi sublimiert werden, verloren fühlen. Aufgrund der oben beschriebenen organisationalen und instrumentellen Aneignung von Facebook in der Schule, im Studium und im Freundeskreis beschreiben die Jugendlichen überdies eine Form der Exklusion: Der Verzicht auf Facebook wird implizit oder explizit mit der Auflösung schwächerer Beziehungen oder Cliquen, zumindest aber mit einem sukzessiven Rückgang der Kontakthäufigkeit verknüpft. Partiell äußern die Jugendlichen negative Effekte in Bezug auf die Qualität ihrer interpersonalen Beziehungen und befürchten, die Beziehung zu den Freunden könne bspw. an Nähe oder Emotionalität verlieren, da sie (nicht regelmäßig) im Austausch sind. Dies kulminiert nicht selten in der Manifestation sozialer Ängste; der Verzicht führe dazu, dass man „etwas verpasst", nicht mehr „informiert" oder „aktuell" und insgesamt „irgendwie ausgegrenzt" ist. Das Medium Facebook vermittelt den Jugendlichen die Sicherheit, in das eigene Beziehungsnetz eingebettet zu sein. Um es mit den lakonischen Worten einer Probandin (Rebecca, 18) zu sagen: „Ich bin eigentlich immer on – und das musst du heute auch."

Dementsprechend stringent verweisen die Jugendlichen bei expliziten Fragen zum Verzicht auch meist spontan auf ein mediales Surrogat (z. B. Skype, MSN oder WhatsApp), das Facebook hinsichtlich seiner kommunikationsspezifischen Charakteristika möglichst homogen gegenübersteht. Auch häufigere Telefonkontakte werden genannt, allerdings sind jene nur partielle Substitute für Facebook, denn andere Kontaktformen können den – sinngemäß häufig artikulierten – „Informationsverlust" nicht nivellieren.

Ob die Absenz medialer Kommunikation bzw. die von Facebook zu einer Ausweitung von physischen Treffen im Alltag führen würde, wird von den Jugendlichen unterschiedlich gesehen, aber nur partiell bejaht. Sie sprechen letztlich davon, dass eine Ausweitung nicht stattfinden könne, da das ihnen zur Verfügung stehende Zeitbudget für physische Kontakte mit dem Freundeskreis bereits jetzt ausgereizt ist. Diese sind für die Jugendlichen allerdings sehr bedeutsam; sie machen unisono klar, dass ihnen der physische Umgang mit ihren Freunden im Privaten und in der Freizeit sehr wichtig ist. Ähnlich bedeutsam ist allerdings auch der mediale Umgang auf z. B. Facebook, denn er verläuft nicht disjunkt gegenüber der Partizipation resp. der Freundschaft im Offline:

> Max (17): Oft läuft das [auf Facebook] so, dass wir uns halt in unserer Gruppe über was unterhalten und das is' dann auch in der Schule 'n Thema. Zum Beispiel wenn jemand 'nen Bild von sich und der Freundin postet, dann unterhält man sich am nächsten Tag d'rüber.
>
> Interviewer: Und wenn das jemand nicht gesehen hat?
>
> Max (17): Tja, Pech. (lacht)

4.2 Facebook im Kontext der Freundschaft

Mediale Präsenz ist mit vielen alltäglichen Situationen im Leben der Jugendlichen konfundiert und sie bedeutet, gerade mit Blick auf die Freundschaft, stets auch physische Präsenz im Beziehungsnetz: So erfolgt die Planung der Geburtstagsfeier am Wochenende über eine Facebook-Gruppe, Einladungen werden über Facebook versandt und Zu- oder Absagen gemacht, während der Kauf eines Geschenks oder die Fahrt zum Ort des Geschehens über persönliche Nachrichten abgestimmt wird. Die gemeinsame Nutzung von Facebook wird von den Jugendlichen als Alltagsroutine erlebt, Online und Offline im Sinne einer quasi praktischen Symbiose als eine Lebenswelt begriffen, wobei die Absenz in die eine oder in die andere Richtung jeweils restriktive Folgen für die Partizipation mit sich bringt.

Dabei zeigt sich, dass die Nutzung von Facebook nicht nur habitualisiert, sondern für die Freundschaft in gewisser Weise auch obligatorisch ist, da Facebook im Sinne einer Institution zunehmend den Zugang zur Freundschaft zu regulieren scheint. Facebook ist für die Soziabilität der Jugendlichen bedeutsam und hat mit Blick auf die Freundschaft beziehungsstabilisierende Funktionen inne (zumindest werden zunehmend Verantwortung und andere beziehungsstabilisierende Praktiken an das Medium Facebook diffundiert, z. B. die „Erreichbarkeit unter Freunden"; vgl. Trost 2013). Inhärent ist den Narrationen der Jugendlichen das Verständnis, dass Facebook – durch Kommunikation und Information – die Aufrechterhaltung und Pflege der Freundschaftsbeziehungen oft erst ermöglicht. Zentral ist hier die Struktur von SNS wie Facebook, da sie bei der kollektiven Bedeutungsverleihung essenziell ist: Die Freundschaft wird auf Facebook durch mediale Relikte und Symbole – Bilder, Videos, Kommunikation – nicht nur technisch archiviert oder dokumentiert, sondern auch tradiert, wodurch ihr Bedeutung und Sinn zugeschrieben wird bzw. Kultur entstehen kann. Auf technischer Ebene ist diese Art der Kultur der Freundschaft mit ihren Werten (z. B. in Form von Meinungen zu Personen, Bewertungen, Kommentaren, „Likes" usw.), Normen (z. B. in Form von Zusagen und Absagen, Terminen, Abstimmungen usw.), Strukturen (z. B. in Form von Freundschaftsanfragen, Listen, Gruppen usw.) oder in ihrem Tun und Handeln (z. B. in Form von Interaktionen, Gruppen, Veranstaltungen usw.) ohnehin implementiert, was dazu führt, dass die Freundschaft – mitsamt ihrer Kultur – im Netz reproduziert wird. Dementsprechend wird Facebook auch nicht nur als Alltagsroutine, sondern sinn- bzw. verständnisspezifisch häufig als quasi ritualisierte Institution begriffen; wobei das Medium selbst als ein Obligat beschrieben wird:

> Rebecca (18): Nee, des isch nicht so, dass du da immer zu was Speziellem hingehst, sondern eben einfach so, um zu wissen was los isch. Des isch festgelegt, ganz klar. [...] Ich steh morgens auf und dann, ja, Facebook hier und Handy schnell – das eigentlich bis ich in der Schule bin und da auch. Wir müssen's zum Glück nicht abgeben. (lacht)

Die Frage, wie diese mediale Reproduktion der Freundschaft von den Jugendlichen erlebt wird, sei zunächst mit einem Blick auf den Freundschaftsbegriff auf Facebook eingeleitet. In semantischer Hinsicht gehen die Jugendlichen mit dem Begriff der Freundschaft bzw. dem des „Freundes" sehr reflektiert um. So kommen die Jugendlichen bspw. schematisch auf die Verankerung (und die inflationäre Verwendung) des Freundschaftsbegriffs in der Terminologie von Facebook zu sprechen und betonen, dieser habe nichts mit der Freundschaft zu tun, sei zu „überzogen" bzw. generell unpassend. Sie implizieren, dass das „Freund-Werden" auf Facebook eine symbolische Geste des Verbundenseins darstelle, d. h. die formale Bestätigung der Bekanntschaft meint. Dementsprechend ist etwa beim Hinzufügen von neuen Kontakten zur Freundesliste auch eine pragmatische Herangehensweise prävalent; eine ausgeprägte private, intime oder von emotionaler Verbundenheit bestimmte, sprich freundschaftliche Bindung, muss nicht bestehen:

> Robert (20): Es ist mehr so: Ich will die Person in mein Adressbuch mit aufnehmen. Das ist eher so der Gedanke. (überlegt) Ich will vielleicht irgendwann mal wieder was mit der Person machen, oder ich denke, ich könnte ihr irgendwann mal wieder 'ne Nachricht schreiben, sodass das dann – wenn ich sie oben in die Suchleiste eingebe – sofort erscheint. Deswegen schick' ich eine Freundschaftsanfrage.

Wie häufig zu beobachten, spiegeln sich die Aneignungspraktiken bei den Funktionen von Facebook auch hier als soziales Konstrukt wider, in dem Sinne, dass mediales Handeln mit Nützlichkeitszuschreibungen verknüpft und die Aneignungspraktik aus funktionellen Gesichtspunkten heraus begründet wird (so bringt die Anbahnung des Kontaktes etwa hier das Potenzial mit sich, eine spätere Kontaktaufnahmen zu induzieren etc.). Die Freundesliste ist dabei im Kern die mediale Reproduktion des (physischen) Beziehungsnetzes der Jugendlichen, also ein Konglomerat von Personen, das sich vielfältig (z. B. in Bezug auf soziale Kontexte wie Familie, Schule, Beruf, Studium, Freizeit usw.) und heterogen (z. B. in Bezug auf soziale Merkmalskonstellationen, die Bindungsstärke, den Grad an Bekanntheit usw.) zusammensetzt. Dementsprechend sammeln die Jugendlichen im Altersverlauf, d. h. mit sich ändernden Lebensumständen, sukzessive mehr Kontakte an.

Die Vorteile von Facebook und das Nutzungs- und Interaktionsverhalten der Jugendlichen zeigt sich – sowohl mit Blick auf die Narrationen, als auch in ihren Meinungen und in den explizit geäußerten Vorteilen – kongruent zum gegenwärtigen Stand empirischer Forschung: So geben die Jugendlichen unisono an, hauptsächlichen mit ihren engen Freunden (*Strong Ties*) zu kommunizieren, während mit dem Großteil der Kontakte der Freundesliste (meist mehrere hundert Personen) nicht interagiert wird. In Bezug auf diese *Weak Ties*, d. h. etwa eher libertär ausgelegte Bekanntschaften, größere Peer-Groups oder Cliquen, artikulieren sie den Vorteil, dass Facebook den Zusammenhalt der Gruppe zu bekräftigen vermag, etwa im

Falle räumlicher Distanzen, die sich durch Änderungen in ihren Lebensbedingungen (Umzug, Schulwechsel, Aufnahme des Studiums usw.) ergeben. Auf die Frage, ob Facebook bei der Aufrechterhaltung von Cliquen geholfen habe, antwortet Ayse (19):

> Auf jeden Fall. Auf Facebook kommt man eben dazu, weil man gerade eben nichts zu tun hat, dann denkt man sich: Hey, lange nicht gesehen, lange nichts gehört; dann schreibt man sich mal an. Dann hockt man wirklich eineinhalb Stunden dran und schreibt mit der Person und unterhält sich, das kommt auch wirklich vor. Ich denk', das ist auch was ganz Gutes.

Aufgrund der Disponibilität von Facebook und der in praktischer Hinsicht artikulierten Vorteile (einfacher Zugang, geringer zeitlicher Aufwand, flexible Nutzungskontexte usw.) ist die Hemmschwelle zur Kontaktaufnahme reduziert. Darüber hinaus begünstigt die durch das elektronische Umfeld bedingte Herabsetzung der Interaktions- und Selbstoffenbarungsschwelle[13] den interpersonalen Austausch, zumindest in quantitativer Art. Facebook ist hier also sozialkapitalrelevant, indem es beziehungsstabilisierend in Bezug auf die schwachen Bindungen und Cliquen der Jugendlichen wirkt.

4.3 Aushandlung von Werten und Normen sowie Konfliktbewältigung

Die oben beschriebene Aneignung von Facebook im Alltag der Jugendlichen und die Rolle, die Facebook mit Blick auf die Freundschaftsbeziehungen übernimmt, werfen die Frage auf, inwieweit diese Form der medialen Existenz der Freundschaft das Freundschaftsverständnis bzw. das Wertesystem der Freundschaft beeinflusst.[14] Werden die Jugendlichen explizit nach ihrer Auslegung gefragt, so beschreiben sie die Freundschaft unisono als eine – quasi an das aristotelische Verständnis angelehnte – werthaltige, intime und vertrauensvolle Bindung zwischen zwei Personen. Ein Beispiel (Sarah, 18):

> Einen echten Freund? (überlegt) Dass man sich auf ihn verlassen kann, (überlegt) ja, dass er für einen da ist, dass man mit ihm reden kann, wenn es einem schlecht geht. Dass man auf jeden Fall auch mit ihm Spaß ham kann und vielleicht, dass er ähnliche Interessen teilt. Ja, das sind so die Dinge, die mir spontan einfallen.

Besonders wichtig ist den Jugendlichen, dass sie sich anderen Personen anvertrauen können und sich auf sie verlassen können. Dementsprechend sind Normverstöße wie etwa die Weitergabe von im Vertrauen gemachten Äußerungen gegenüber Dritten meist beziehungskritisch; sie bringen Sanktionen und kritische Beziehungskonflikte mit sich und können dazu führen, dass die Freundschaft zur Disposition ge-

13 Vgl. zu den Effekten der Kanalreduktion im Internet (Entkontextualisierung, Enträumlichung, Entsinnlichung etc.) Döring 2003 bzw. Höflich 2003.

14 Da sowohl der Zugang zur subjektiven Sinngebung sozialer Phänomene wie der Freundschaft als auch die Rekonstruktion tiefer liegender Strukturen sozialen Handelns stets erschwert sind, jene darüber hinaus mit Blick auf z. B. die soziale Erwünscht- oder die Artikulationsfähigkeit der Jugendlichen problembehaftet sind, werden hier insbesondere die narrativen Elemente der Interviews berücksichtigt.

stellt wird. Gleichwohl artikulieren die Jugendlichen ihr Bestreben, Konflikte möglichst beizulegen und die Freundschaftsbeziehung aufrechtzuerhalten. In ihren Narrationen betonen sie die Bedeutung der Reziprozität in der Freundschaft und verweisen auf sozialkapitalrelevante Wertedimensionen, insbesondere auf emotionale Hilfeleistungen durch den Austausch über sehr persönliche Themen, wie etwa Probleme in der Schule oder in der Familie.

Die subjektive Wichtigkeit von Werten wie Ehrlichkeit, Empathie, Vertrauen oder Treue überwiegt dabei generell gegenüber bspw. hedonistischen Freundschaftsmotiven, die zwar als Wertedimension genannt, aber insgesamt als weniger basal beschrieben werden. Ähnliches gilt für räumlich-konstitutive Faktoren, für den gemeinsamen Zeitvertreib, für die interpersonale Ähnlichkeit bzw. für geteilte Interessen. Hierbei scheinen sich altersspezifische Korrelationen auszudrücken, die zum einen dispositionell bzw. entwicklungsspezifisch konstituiert sind,[15] zum anderen aber auch in Änderungen in der Lebenssituation begründet sind. So werden etwa Faktoren wie der räumliche Zugang bzw. die physische Verfügbarkeit mit zunehmendem Alter vermehrt als quasi fakultativ beschrieben, wobei die Jugendlichen mit Blick auf ihren Alltag eine pragmatische Herangehensweise postulieren. Es ist zu beobachten, wie mit zunehmendem Alter Aushandlungsprozesse der Freundschaft graduell an verschiedene (Individual-)Medien transponiert werden, was allerdings von den Jugendlichen nur bedingt als problembehaftet impliziert wird:

> Vanessa (17): Ich mein', man verliert heute halt den Kontakt – irgendwie – wenn man älter wird. Wenn's also nich' geht, geht's nich' – is' ja klar. Also, ich würd' jetz' nicht Facebook nehmen um 'ner Freundin zu schreiben, dass ich mich mit meinem Freund gestritten hab' oder so, und ihr davon zu erzählen und mir – ich sag' mal – 'ne Beratung einzuholen. (überlegt) Obwohl: Gab's schon. (lacht) Is' auch noch gar nich' so lange her. Warum auch nicht.

Wenngleich die Jugendlichen bei expliziten Fragen gern auf typische Nachteile computervermittelter Kommunikation (cvK) verweisen (sie artikulieren etwa, dass Emoticons oder Aktionswörter in Chats oder auf Facebook keine echten Äquivalente für hochdifferenzierte Mimik, Gestik oder Polemik darstellen und etwa des Öfteren zu Missverständnissen oder Fehlinterpretationen führen können), so halten sie diese bei der freundschaftsspezifischen Binnenkommunikation für durchaus äquivalent mit der Aushandlung im Offline. Bspw. wird, sofern es sich um eine Dyade und einen bilateralen, nicht-öffentlichen Austausch handelt,

- die subjektive Eignung und das inhaltliche Spektrum besprochener Themen bei engen Freundschaftsbeziehungen überwiegend als kongruierend beschrieben,
- die Verbindlichkeit von Aussagen als ähnlich hoch eingeschätzt und
- die Frage nach negativen Erfahrungen – bis auf partielle Missverständnisse aufgrund subjektiver Fehlinterpretationen des Gesagten – verneint.

Bei der Eignung von cvK für Konflikte in Freundschaftsbeziehungen verlaufen die Meinungen und Erfahrungen der Jugendlichen divergent. Während sich einige indifferent äußern, berichten andere von eher hemmenden Effekten auf die Problem-

15 Im Laufe der Adoleszenz lösen sich interessenzentrierte Merkmale auf und dem Freund werden sukzessive mehr Autonomie und neue Handlungsspielräume zugestanden. Vgl. Alisch/Wagner 2006, S. 19f.

lösung, etwa weil das Netz emotional-affektive Gefühlsäußerungen begünstige und in der Folge den Konflikt noch intensiviere. Ein dritter Teil argumentiert wiederum affirmativ für das elektronische Umfeld und postuliert, dieses führe aufgrund seines (para-, extra- und non-verbalen) Informationsdefizits zur Entemotionalisierung bzw. zu einer Art der „Versachlichung", womit die Beilegung oder Lösung begünstigt oder zumindest eine weitere Verschärfung des Konflikts vermieden werde.[16] Auf eine (mediale- bzw. non-mediale) Kontaktform sind die Jugendlichen jedoch unisono nicht festgelegt; sie verwenden auf intersubjektiver Basis vor allem das Medium, bei dem der gewünschte Kommunikationspartner angetroffen werden kann.

> Interviewer: Dann kann man sich [auf Facebook] gut entschuldigen?
>
> Marcel (18): Ja, klar. Das kann schon sein. Wenn das jemand ist, den man nich' am Wochenende sieht oder so, wenn man sich nur entschuldigen möchte, weil man was gemacht hat, dann geht das schon. Ich find', das is' kein Problem. Man kann ja nich' von jemandem, den man kaum sieht, erwarten, dass man sich dann gleich trifft oder so. Ich weiß nich', heutzutage ist das ein bisschen komisch (lacht) – ich glaub' das wär' früher ein bisschen normaler gewesen. Jetzt ist – glaub' ich – ich find' das ein bisschen komisch.

Dissonanzen, wie sie dieser Jugendliche zu formulieren versucht, zeigen sich mit Blick auf die Aushandlungsprozesse an einigen Stellen. Sie zeigen, inwieweit die Habitualisierung von cvK und deren Einbettung in das alltägliche soziale Handeln hinterfragt und, hier in retrospektiver Hinsicht, als „komisch" betitelt wird.

4.4 Selbstdarstellung, soziale Attraktivität und Privatheit

Die Selbstoffenbarung ist ein dispositiver Bestandteil von SNS; zum einen, weil diese qua Struktur explizit für die Darstellung der eigenen Person entwickelt sind; zum anderen, weil die Jugendlichen selbst von der Selbstoffenbarung auf vielfältige Art und Weise profitieren.[17] Zumindest den Älteren ist klar, dass Facebook auch im Sinne einer „öffentlichen Bühne" (Goffman 1959) fungiert, andere Personen bzw. Jugendliche dort soziale Beurteilungen vornehmen und ergo eine gewisse Identitätsarbeit notwendig – und selbstverständlich – ist:

> Rebecca (18): Ich find', die Darstellung muss, ja, echt (Betonung) sein. [...] Manche meinen halt, alles von sich zeigen zu müssen und so, ja, ich bin so toll und so weiter. Das is' heute so lächerlich teilweise, gerade bei Jüngeren und so. Da kannste echt nur den Kopf schütteln [...].

16 Dass diese ‚informationsärmere' Interaktion im Netz die Nutzer zu einem informationsreicheren Kommunikationsverhalten animieren kann und bei bestimmten Lösungsprozessen der Face-to-Face-Kommunikation nicht nur ebenbürtig, sondern überlegen ist, zeigen bspw. die Studien von Kock 2001, 2005.

17 Bspw. im Sinne der (Selbst-)Gratifikation, indem durch die Offenbarung persönlicher Botschaften über den eigenen Erfolg resp. das eigene Scheitern emotionale Bestätigung bzw. Empathie eingefordert wird, oder im Sinne von Affiliation, indem durch Selbstoffenbarung soziale Interaktion konstituiert und soziale Nähe geschaffen wird.

Vera (17): (unterbricht) Ich hoff' mal, da war ich nich' mit gemeint (lachen). Nee, das is' schon schlimm und du siehst halt auch, wie sich da manche überbieten teilweise [...], gerade von den Jüngeren.

Zunächst ist festzuhalten, dass die Jugendlichen insgesamt ihr Bestreben artikulieren, auf SNS ein möglichst ausgewogenes und authentisches Bild von sich zu zeichnen und sich nicht „verfälscht" oder „idealisiert" darzustellen. Sie implizieren oder artikulieren explizit, dass hierdurch zum einen Glaubwürdigkeit geschaffen, zum anderen aber auch ein positiver Eindruck bei anderen konstruiert wird (welcher ihnen durchaus wichtig ist). Ein positiver Eindruck ist also vor allem in der subjektiven Authentizität der Darstellung verortet, d. h. zum einen in der formalen Richtigkeit der Profilinhalte, zum anderen in einem nicht-differentiellen, sondern konvergenten Bild gegenüber dem aus dem Offline.

Andere Nutzungsweisen oder Darstellungspraktiken (z. B. das der „übertriebenen" Eigenwerbung oder das oben beschriebene „Geltungsbedürfnis" jüngerer Jugendlicher, das kompetitive Dynamiken entwickeln kann) sind hingegen klar negativ konnotiert, werden belächelt und abgelehnt. Auf den Profilseiten von Facebook evozieren differentielle Identitätsindikatoren Vorstellungen und bilden die Grundlage für verschiedene Zuschreibungsstrategien, die das Bild anderer Jugendlicher bspw. auch im Sinne einer Stereotypisierung bestimmen. Sie beziehen sich insbesondere auf jüngere Personen, wobei die Probanden in diesem Kontext auch ihr eigenes, früheres Nutzungsverhalten kritisch reflektieren.[18] Beobachtet und für andere als gültig postuliert wird etwa, dass jüngere Jugendliche mehr Personen (als Freunde) annehmen, mehr persönliche Informationen veröffentlichen und bei der Nutzung insgesamt wenig dezidiert sind, bspw. viel „Quatsch" oder „Schwachsinn" veröffentlichen. Dieses Verhalten ist ihrer Meinung nach zum einen im Alter, also quasi endogen, begründet, zum anderen wird es exogen durch das Beziehungsnetz bzw. den Freundeskreis reguliert. Jüngere Jugendliche neigen demnach auch zu einer expressiven Selbstdarstellung, sind insgesamt häufig „geltungsbedürftig" bzw. „likegeil". Andere meinen, so der Tenor, sie seien etwas „Besseres", müssen aber in Wirklichkeit nur bestimmte soziale oder individuale Defizite kompensieren.

Die standardisierten Profilelemente bzw. die Nutzungsprofile der Jugendlichen auf Facebook fungieren dabei – gerade bei jüngeren Jugendlichen – als Träger des symbolischen Kapitals, bspw. in dem Sinne, dass die Anzahl der Kontakte oder die Häufigkeit von Kommentaren Beliebtheit oder „Coolness" impliziere und zu sozialer Anerkennung oder Prestige führe. Die dynamisch positive bzw. negative Persönlichkeitsbeurteilung oszilliert dabei, d. h. bei einer besonders großen Anzahl an Kontakten wird dies auch als „unglaubwürdig" oder „falsch" interpretiert und die Person mit dem – häufig genannten – Terminus der „Oberflächlichkeit" attribuiert.

Mit diesem Etikett der „Oberflächlichkeit" umschreiben die Jugendlichen auch die Hybridität von Privatheit bzw. Öffentlichkeit, also den Aspekt, dass ihre Freund-

18 An vielen Stellen der Interviews sind zum einen alters-, zum anderen genderspezifische Differenzen zu beobachten (vgl. ausf. Trost 2013). Diese könnten im Kontext von SNS, gerade mit Blick auf z. B. Kausalattributionen und Persönlichkeitsbeurteilungen im Sinne von Stereotypen oder Halo-Effekten noch näher untersucht werden.

schaften und deren Beziehungspraktiken auf Facebook zumindest partiell für andere bzw. für das eigene Beziehungsnetz einsehbar sind:

> Robert (20): Also, ich finde die Inhalte auf Facebook und speziell die Posts, die für den gesamten Freundeskreis bestimmt sind, grundsätzlich oberflächlich und ... (überlegt). Es ist eben immer an die große Runde zielgerichtet und kann gar nicht in die Tiefe gehen.

Unisono machen die Jugendlichen deutlich, dass sie mittels quasi öffentlicher Äußerungen auf Facebook – etwa über Statusmitteilungen oder Kommentare – nur bedingt mit ihren engen Freunden in Kontakt stehen. Dabei betonen sie, dass diese Form der multilateralen Kommunikation für die Freundschaft ohnehin inadäquat sei, da Gespräche so nicht „in die Tiefe" gehen können. Die kontextuelle Integrität[19] der Freundschaft und ihrer Inhalte ist den Jugendlichen dabei durchaus wichtig. Sie versuchen, die Dyade der Freundschaft soweit möglich der öffentlichen Rezeption durch das Beziehungsnetz zu entziehen. Sie verwenden bspw. für den binnenspezifischen Austausch über beziehungsrelevante Fragen die bilateralen Kommunikationsmöglichkeiten auf Facebook oder weichen auf ein mediales Surrogat wie etwa Telefonie, Video-Chats oder Messenger-Programme aus (diese Medien scheinen mit der Bindungsstärke bzw. mit der subjektiven Qualität der Freundschaftsbeziehung ohnehin häufiger für den interpersonalen Austausch eingesetzt zu werden). Auf Facebook dienen ferner vermehrt zugangsbeschränkte Gruppen – etwa für Kommilitonen, Freunde aus der Freizeit oder die Kontakte der Schule – im Sinne kontextbezogener Semi-Öffentlichkeiten zur Regulierung der Privatheit, da hier die jeweils als gültig definierten informationellen Normen (der Freundschaft) berücksichtigt werden können. Die Jugendlichen reagieren damit auf die schwierige Verortung von Facebook im Spannungsfeld des privaten Austausches mit dem Freundeskreis einerseits und der öffentlichen Kommunikation andererseits.

Dass mit dem Plattformbetreiber Facebook ein ökonomisch agierender, intermediärer Akteur zum Verteiler (und Besitzer) von Kommunikation wird und dies neben praktischen Fragen (etwa hinsichtlich der Preisgabe von persönlichen Details) auch ein medienethisches Problemfeld darstellt, ist den Jugendlichen latent klar (als Grund wird häufig die mediale Berichterstattung über die teils verheerenden Folgen angeführt). Sie merken allerdings im alltäglichen Umgang, dass nicht nur die semantische Konturierung von Privatheit auf Facebook, sondern auch die stringente und quasi wertrationale Nutzung von Facebook im Sinne ihrer als „privat" definierten Inhalte und Freundschaften oft erschwert ist: Ein zentrales Nutzungsmotiv für viele Jugendliche besteht etwa in der positiven Bestätigung bei erlebten Erfolgen oder im erhaltenen Zuspruch bei Problemen und Schwierigkeiten (etwa in der Schule, im Elternhaus oder bei der Berufswahl) seitens ihrer Kontakte. Doch ist für diese emotionalen und sozialen Gratifikationen nicht nur die partielle Preisgabe privater Details vonnöten, sondern beispielsweise auch das (häufig öffentliche) Zugeständnis der eigenen Verletz- und Fehlbarkeit. Dass sich auf Facebook soziale Kontexte überlagern erschwert zudem die Aufrechterhaltung der kontextuellen Integrität. Miteinander konkurrierende Werte, etwa die von den Freunden erwartete Solidarität einerseits und die von Eltern erhoffte (Selbst-)Verantwor-

19 Vgl. zum Konzept der kontextuellen Integrität Nissenbaum 2011.

tung und Ehrlichkeit andererseits, werden in öffentlichen Posts sichtbar und sind im praktischen Handeln ebenfalls mit gewissen Zugeständnissen verbunden. Aufgrund der Reichweite von SNS sowie der Persistenz der im Netz gespeicherten Daten sind Entscheidungen gemäß der Erwartungshaltung eines sozialen Kontexts mit einer Potenzierung ihrer negativen Folgen in Bezug auf andere Kontexte verbunden.

5 REFLEXION

> Vanessa (17): Ich hab' mein Handy immer bei mir: Wenn ich abends im Bett lieg', dann hab' ich's Handy neben mir und geh' vor dem Schlafen noch mal alles durch, was da auf Facebook steht und was sich so in den letzten Stunden getan hat.

Für die Freundschaft ist diese Aussage von figurativer Natur, denn sie verdeutlicht, dass die Freundschaften Jugendlicher heute in weiten Teilen durch die Medialität reguliert sind. Doch bedeutet dies, wie das Nachrichtenmagazin FOCUS (2011) schreibt, dass Facebook der realen Freundschaft schadet? Muss im Netz die Frage nach der „echten Freundschaft" gestellt werden, etwa weil sich ihre Semantik oder ihr Wertesystem verändert?

Zunächst ist evident, dass neben den oft artikulierten praktisch-instrumentellen Nutzwerten von SNS auch sozialkapitalrelevante und emotionale Nutzwerte geschaffen werden. Diese sind für die Jugendlichen gerade im Kontext einer schnelllebigen, flexiblen und von zunehmenden räumlichen Distanzen und erhöhten Leistungsanforderungen geprägten Alltagswelt bedeutsam. In dieser Lebenswelt ist es für Jugendliche heute wichtiger denn je, in ein Netzwerk aus Peers integriert zu sein, welches Sicherheit und Unterstützung in alltäglichen Fragen der Lebensgestaltung und emotionalen Rückhalt bei altersspezifischen Problemsituationen bietet. Die Jugendlichen haben einen hohen Bedarf an ~~der~~ Freundschaft und sie versuchen, das tradierte Ideal der Freundschaft als hohes Gut zu erhalten und dort zu leben, wo ihnen ihr Alltag die Möglichkeit dazu eröffnet. Dementsprechend ist sinnspezifisch weder eine unverbindlich-libertäre Interpretation, noch eine kurzfristig-utilitäre Auslegung prävalent, sondern eine verpflichtende Freundschaftsideologie, die im Alltag jedoch häufig mittels pragmatischer Herangehensweisen gelebt wird.

Die Effekte von Internet und SNS auf die Freundschaft und das Freundschaftskonzept Jugendlicher sind also insgesamt weder quantitativ zu überschätzen, noch qualitativ als absolute Novität zu rekonstruieren. Vielmehr finden die Spezifika heutiger Lebenswelten und ihre Paradigmen Ausdruck in der Freundschaft und sie zeichnen jene auch in einem medienökologischen Rahmen nach. In vielen Aspekten werden zunehmend konstitutive Elemente und elementare Funktionen der Freundschaft auf Facebook transponiert bzw. dort rekonstruiert und mittels bewusstem Nutzungsverhalten kompensiert. Weil die Freundschaft auf Facebook auf eine gewisse Art institutionalisiert und die gemeinsame Mediennutzung im Freundeskreis habitualisiert und nicht selektiv ist, kann sich keiner der Jugendlichen einem homogenisierenden Kultivierungseinfluss, der konsonante Erfahrungen, Kognitionen, Vorstellungen oder Erwartungen über die Freundschaft produziert bzw. diese (im Offline) etabliert, entziehen. Wenngleich sich also weder grundlegend-konzeptionelle noch semantisch-wertbezogene Verschiebungen des Freundschaftskonzepts resp. des Freundschaftsbegriffs konstatieren lassen, so zeigt sich gleichwohl, inwieweit sich die Medialität in der Freundschaft bei Jugendlichen spiegelt: Verschiebungen zeigen sich zum einen in einem vermehrten Informationalismus, welcher etwa durch die Konnektivität der SNS katalysiert wird, zum anderen in einer stärkeren Virulenz der Freundschaft im Sinne einer räumlichen, zeitlichen und sozialen Entgrenzung.

Ersterer Aspekt meint ein hohes Maß informationeller Zirkulation in einem wohl quantitativ wachsenden Beziehungsnetz der Jugendlichen. Er kulminiert, weil auf SNS sowohl die quantitative als auch die qualitative Verfügbarkeit (medialer) Informationen erhöht und auch dispositiver Bestandteil sind, in einem Aktualitäts- und Erreichbarkeitspostulat. Es manifestiert sich bei den Jugendlichen im Sinne eines inhärenten Denk- und Handlungsmusters und erfasst auch das realweltliche Umfeld. Die Information sichert im Sinne eines Rohstoffs die Inklusion im (Freundschafts-)Netzwerk und stabilisiert die Freundschaftsbeziehungen; die informationelle Zirkulation wirkt subjektiv positiv auf die gefühlte Qualität der Freundschaft. Herrscht keine Konnektivität, evoziert die informationelle Absenz soziale Ängste bzw. führt zumindest zu reflexartigem Unwohlsein, das intrapersonal als bedrückend und interpersonal als beschränkend empfunden wird sowie hinsichtlich der Freundschaft mit der latenten Befürchtung des Verlusts der Teilhabechance bzw. mit der Exklusion einhergeht.

Blickt man zum einen auf die funktionell-organisationale Medienaneignung von Facebook, zum anderen auf die heutige Lebenswelt Jugendlicher, ist diese Befürchtung nicht von der Hand zu weisen: Gemeinschaft ist heute oft nicht einfach da, sondern muss kontextbezogen gesucht, aktiv hergestellt und mit einem gewissen Engagement gelebt werden, online – wie offline.

Ökonomisierung kann mit Blick auf die Freundschaft als eine *informationelle Expansion der persönlichen Beziehung* gesehen werden, bei welcher auch das wirtschaftliche Paradigma der Effizienz sichtbar wird: Verändert ist die Freundschaft in der Ökonomie ihres alltäglichen Umgangs, in ihrer Disponibilität und damit auch in ihrer Omnipräsenz und Geschwindigkeit, da sie mittels elektronischer Medien für die Jugendlichen im Alltag stets präsent, ja dort virulent ist, immer mehr Lebensbereiche durchdringt und sich insgesamt ausdehnt. Heutige Freundschaftsbeziehungen mögen häufig interessensspezifisch differenziert und räumlich segregiert sein; gleichwohl sind sie aber eines: stets verfügbar.

BIBLIOGRAFIE

Alisch, Lutz-Michael/Wagner, Jürgen W. L. (2006): Freundschaften unter Kindern und Jugendlichen. Interdisziplinäre Perspektiven und Befunde. Weinheim: Juventa.

Auhagen, Ann Elisabeth (1991): Freundschaft im Alltag. Eine Untersuchung mit dem Doppeltagebuch. Bern: Huber.

Autenrieth, Ulla/Bänziger, Andreas/Rohde, Wiebke/Schmidt, Jan (2011): Gebrauch und Bedeutung von Social Network Sites im Alltag junger Menschen: Ein Ländervergleich zwischen Deutschland und der Schweiz. In: Neumann-Braun, Klaus/Autenrieth, Ulla (Hrsg.): Freundschaft und

Gemeinschaft im Social Web. Bildbezogenes Handeln und Peergroup-Kommunikation auf Facebook & Co. Baden-Baden: Nomos, S. 31–54.

Beck, Ulrich/Beck-Gernsheim, Elisabeth (1994): Riskante Freiheiten. Individualisierung in modernen Gesellschaften. Frankfurt am Main: Suhrkamp.

Beninger, James R. (1987): Personalization of Mass Media and the Growth of Pseudo-Community. In: Communication Research, Nr. 14, S. 352–371.

Boase, Jeffrey/Horrigan, John B./Wellman, Berry/Rainie, Lee (2006): The Strength of Internet Ties. The Internet and Email Aid Users in Maintaining Their Social Networks and Provide Pathways to Help When People Face Big Decisions. Pew Internet & American Life Project (Hrsg.). Washington. Online: http://www.pewinternet.org/~/media/Files/Reports/2006/PIP_Internet_ties.pdf (Abfrage: 29.10.2012).

Boyd, Danah (2010): Friendship. In: Ito, Mizuko/Bittani, Matteo/Baumer, Sonja/Cody, Rachel/Herr-Stephenson, Becky (Hrsg.): Hanging Out, Messing Around, and Geeking Out. Kids Living and Learning with New Media. Cambridge, MA: MIT Press, S. 79–115.

Boyd, Danah (2008): Taken Out of Context: American Teen Sociality in Networked Publics. Dissertation, University of California, Berkley. Online: http://www.danah.org/papers/TakenOutOfContext.pdf (Abfrage: 22.10.2012).

Boyd, Danah (2007): Why Youth (Heart) Social Network Sites: The Role of Networked Publics in Teenage Social Life. In: Buckingham, David (Hrsg.): Youth, Identity, and Digital Media. Cambridge, MA: MIT Press, S. 119-142. Online: http://www.danah.org/papers/WhyYouthHeart.pdf (Abfrage: 10.02.2013).

Busemann, Katrin (2013): Wer nutzt was im Social Web? Ergebnisse der ARD/ZDF-Onlinestudie 2013. In: Media Perspektiven, Nr. 7-8/2013, S. 391–399.

Busemann, Katrin/Fisch, Martin/Frees, Beate (2012): Dabei sein ist alles – zur Nutzung privater Communitys. In: Media Perspektiven, Nr. 5, S. 258–267.

Berry, Wendell (1993): Sex, Economy, Freedom & Community. Eight Essays. New York: Pantheon.

Bergmann, Jens (2009): Ökonomisierung des Privaten? Theoretische und empirische Aspekte von Autonomie und Wandel der häuslichen Privatheit. Dissertation, Fakultät für Soziologie, Universität Bielefeld.

Chun, Haewoon/Kwak, Haewoon/Eom, Young-Ho/Ahn, Yong-Yeol/Moon, Sue/Jeong, Hawoong (2008): Comparison of Online Social Relations in Terms of Volume vs. Interaction: A Case Study of Cyworld. Proceedings of the 8th ACM SIGCOMM. New York. Online: http://citeseerx.ist.psu.edu/viewdoc/download?doi=10.1.1.165.9841&rep=rep1&type=pdf (Abfrage: 29.10.2012).

Döring, Nicola (2003): Sozialpsychologie des Internet. Die Bedeutung des Internet für Kommunikationsprozesse, Identitäten, soziale Beziehungen und Gruppen. Göttingen: Hogrefe.

Ellison, Nicole/Boyd, Danah (2007): Social Network Sites: Definition, History, and Scholarship. In: Journal of Computer-Mediated Communication, Nr. 13(1). Online: http://jcmc.indiana.edu/vol13/issue1/boyd .ellison.html (Abfrage: 24.10.2012).

Ellison, Nicole/Steinfield, Charles/Lampe, Cliff (2007): The Benefits of Facebook "Friends": Social Capital and College Students' Use of Online Social Network Sites. In: Journal of Computer-Mediated Communication, Nr. 12(4), S. 1143-1168. Online: http://jcmc.indiana.edu/vol12/issue4/ellison.html (Abfrage: 12.02.2013).

Fend, Helmut (2005): Entwicklungspsychologie des Jugendalters. Wiesbaden: VS Verlag.

Flick, Uwe (1995): Handbuch qualitative Sozialforschung. Grundlagen, Konzepte, Methoden und Anwendungen. Weinheim: Beltz.

Franzen, Axel (2000): Does the Internet Make Us Lonely? In: European Sociological Review, Nr. 16(4), S. 427–438. Online: http://www.soz.unibe.ch/unibe/wiso/soz/content/e5976/e7491/e15583/e15586/e1 5866/files15867/franzen_esr_2000_ger.pdf (Abfrage: 12.02.2013).

Frees, Birgit/Busemann, Katrin (2012): Internet goes Community. Grundlagen zur Internetnutzung von Teenagern. In: Dittler, Ullrich (Hrsg.): Aufwachsen in sozialen Netzwerken. Chancen und Gefahren von Netzgemeinschaften aus medienpsychologischer und medienpädagogischer Perspektive. München: kopaed, S. 15–29.

Fulk, Janet/Schmitz, Joseph/Steinfield, Charles (1990): A Social Modell of Technology Use. In: Fulk, Janet/Steinfield, Charles (Hrsg.): Organizations and Communication Technology. Newbury Park: Sage, S. 117–140.

Funiok, Rüdiger (2012): Wertorientierte Strategien zum Schutz der Privatheit in Sozialen Netzwerken. In: Grimm, Petra/Zöllner, Oliver (Hrsg.): Schöne neue Kommunikationswelt oder Ende der Privatheit? Die Veröffentlichung des Privaten in Social Media und populären Medienformaten. Stuttgart: Franz Steiner, S. 97–118.

Gensicke, Thomas (2010): Werteorientierungen, Befinden und Problembewältigung. In: Shell Deutschland Holding (Hrsg.): Jugend 2010. Eine pragmatische Generation behauptet sich. Frankfurt am Main: Fischer, S. 187–238.

Granovetter, Marc (1973): The Strength of Weak Ties. In: American Journal of Sociology, Nr. 78, S. 1360–1380. Online: http://www.jstor.org/discover/10.2307/2776392?uid=3737864&uid=2&uid=4&sid=211 01371061227 (Abfrage: 29.10.2012).

Grimm, Petra/Neef, Karla (2012): Privatsphäre 2.0? Wandel des Privatheitsverständnisses und die Herausforderungen für Gesellschaft und Individuen. In: Grimm, Petra/Zöllner, Oliver (Hrsg.): Schöne neue Kommunikationswelt oder Ende der Privatheit? Die Veröffentlichung des Privaten in Social Media und populären Medienformaten. Stuttgart: Franz Steiner, S. 41–81.

Grimm, Petra/Zöllner, Oliver (Hrsg.) (2012): Die Veröffentlichung des Privaten in Social Media und populären Medienformaten. Stuttgart: Franz Steiner.

Habermas, Jürgen (1985): Die neue Unübersichtlichkeit. Frankfurt am Main: Suhrkamp.

Havinghurst, Robert J. (1982 [1948]): Developmental Tasks and Education. 7. Aufl. New York: Longman Inc.

Hurrelmann, Klaus/Quenzel, Gudrun (2004): Lebensphase Jugend. Eine Einführung in die sozialwissenschaftliche Jugendforschung. Weinheim: Juventa.

Inglehart, Ronald (1998): Modernisierung und Postmodernisierung. Kultureller, wirtschaftlicher und politischer Wandel in 43 Gesellschaften. Frankfurt am Main: Campus.

JIM (2012): JIM-Studie 2012. Jugend, Information, (Multi-)Media. Basisuntersuchung zum Medienumgang 12- bis 19-Jähriger. Medienpädagogischer Forschungsverbund Südwest (Hrsg.). Online: http://www.mpfs.de/fileadmin/JIM-pdf12/JIM2012_Endversion.pdf (Abfrage: 13.02.2013).

Jurczyk, Karin/Oechsle, Mechthild (2008): Privatheit: Interdisziplinarität und Grenzverschiebungen. Eine Einführung. In: Dies. (Hrsg.): Das Private neu denken. Erosionen, Ambivalenzen, Leistungen. Münster: Westfälisches Dampfboot, S. 8–47.

Kiesler, Sara (1996): Culture of the Internet. Mahwah, New York: Lawrence Erlbaum Associates, Publishers.

Klages, Helmut (2001): Werte und Wertewandel. In: Schäfers, Bernhard/Zapf, Wolfgang (Hrsg.): Handwörterbuch zur Gesellschaft Deutschlands. Opladen: Leske + Budrich, S. 127–138.

Kock, Ned (2001): Behavior Toward E-Communication Tools: A New Theoretical Model Based on Evolution Theory. EBI Working Paper. Number: EBI-2001-02. Online: http://www.sbm.temple.edu/ebi/ workingpapers/working_paper2.htm (Abfrage: 27.11.2012).

Kock, Ned (2005): Media Richness or Media Naturalness? The Evolution of Our Biological Communication Apparatus and Its Influence on Our Behavior Toward E-Communication Tools. In: IEEE Transactions on Professional Communication, Nr. 48(2), S. 117-130. Online: http://cits.tamiu.edu/kock/pubs/journals/2005journalieeetpc2/kock2005_ieeetpc.pdf (Abfrage: 07.02.2013).

Kolip, Petra (1993): Freundschaften im Jugendalter. Der Beitrag sozialer Netzwerke zur Problembewältigung. Weinheim: Juventa.

Kon, Igor S. (1979): Freundschaft. Geschichte und Sozialpsychologie der Freundschaft als soziale Institution und individuelle Beziehung. Hamburg: Rowohlt.

Krappmann, Lothar (2010): Prozesse kindlicher Persönlichkeitsentwicklung im Kontext von Gleichaltrigenbeziehungen. In: Harring, Marius/Böhm-Kasper, Oliver/Rohlfs, Carsten/Palentien, Christian (Hrsg.): Freundschaften, Cliquen und Jugendkulturen. Peers als Bildungs- und Sozialisationsinstanzen. Wiesbaden: VS Verlag für Sozialwissenschaften, S. 187–222.

Kraut, Robert/Patterson, Michael/Lundmark, Vicki/Kiesler, Sara/Mukophadhyay, Tridas/Scherlis, William (1998): Internet Paradox. A Social Technology That Reduces Social Involvement and

Psychological Well-Being? In: American Psychologist, Nr. 53(9), S. 1017–1031. Online: http://www.cs.cmu.edu/~kiesler/publications/1998pdfs/1998Kraut-InternetParadox.pdf (Abfrage: 12.02.2013).

Kraut, Robert/Shklovski, Irina/Rainie, Lee (2004): The Internet and Social Participation. Contrasting Cross-Sectional and Longitudinal Analyses. In: Journal of Computer-Mediated Communication, Nr. 10(1). Online: http://jcmc.indiana.edu/vol10/issue1/shklovski_kraut.html (Abfrage: 17.10.2012).

Krotz, Friedrich (2007): Mediatisierung: Fallstudien zum Wandel von Kommunikation. Wiesbaden: VS Verlag für Sozialwissenschaften.

Krönig, Franz Kasper (2007): Die Ökonomisierung der Gesellschaft. Systemtheoretische Perspektiven. Bielefeld: transcript.

Leiner, Dominik (2012): Der Nutzen sozialer Online-Netzwerke. In: Dittler, Ullrich (Hrsg.): Aufwachsen in sozialen Netzwerken. Chancen und Gefahren von Netzgemeinschaften aus medienpsychologischer und medienpädagogischer Perspektive. München: kopaed, S. 111–128.

Livingstone, Sonia (2008): Tanking Risky Opportunities in Youthful Content Creation: Teenagers' Use of Social Networking Sites for Intimacy, Privacy and Self-Expression. In: New Media & Society, Nr. 10(3), S. 393–411.

Luhmann, Niklas (1987): Soziale Systeme: Grundriß einer allgemeinen Theorie. Frankfurt am Main: Suhrkamp.

Markus, M. Lynne (1987): Toward a „Critical Mass". Theory of Interactive Media: Universal Access, Interdependence, and Diffusion. In: Communication Research, Nr. 14(1), S. 491–511. Online: http://www.ee.oulu.fi/~vassilis/courses/socialweb10F/reading_material/6_nonno/markus87-Toward%20a%20Cri tical%20Mass%20Theory.pdf (Abfrage: 14.05.2013).

Mesch, Gustavo S./Talmud, Ilan (2006): Online Friendship Formation, Communication Channels, and Social Closeness. In: International Journal of Internet Science, Nr. 1(1), S. 29–44. Online: http://soc.haifa.ac.il/~talmud/pdf/Online%20Friendship%20Formationpdf.pdf (Abfrage: 29.10.2012).

Miller, Vincent (2008): New Media, Networking and Phatic Culture. In: Convergence: The International Journal of Research into New Media Technologies, Nr. 14(14), S. 387–400.

Nissenbaum, Helen (2011): A Contextual Approach to Privacy Online. In: Dadalus, the Journal of the American Academy of Arts & Sciences. Nr. 140(4), S. 32–48. Online: http://www.amacad.org/publications/daedalus/11_fall_nissenbaum.pdf (Abfrage: 31.05.2013).

Nötzoldt-Linden, Ursula (1994): Freundschaft. Zur Thematisierung einer vernachlässigten soziologischen Kategorie. Opladen: Westdeutscher Verlag.

Putnam, Robert D. (2000): Bowling Alone. The Collapse and Revival of American Community. New York: Simon & Schuster.

Rheingold, Howard (1993): The Virtual Community: Homestanding on the Electronic Frontier. Reading, Mass.: Addison-Wesley.

Sandel, Michael J. (2012): Was man für Geld nicht kaufen kann. Die moralischen Grenzen des Marktes. Berlin: ullstein.

Saul, John R. (1998): Der Markt frißt seine Kinder. Wider die Ökonomisierung der Gesellschaft. Frankfurt am Main u. a.: Campus.

Schulz, Winfried (2004): Reconstructing Mediatization as an Analytical Concept. In: European Journal of Communication, Nr. 19, S. 87–101.

Schulze, Gerhard (2005): Die Erlebnisgesellschaft. Kultursoziologie der Gegenwart. Frankfurt am Main/New York: Campus.

Selman, Robert L. (1981): The Child as a Friendship Philosopher. In: Asher, Steven R./Gottman, John M. (Hrsg.): The Development of Children's Friendships. Cambridge: University Press.

Shell Deutschland Holding (Hrsg.) (2010): Jugend 2010. Eine pragmatische Generation behauptet sich. Frankfurt: Fischer.

Simmel, Georg (1999): Soziologie der Freundschaft. In: Eichler, Klaus-Dieter (Hrsg.): Philosophie der Freundschaft. Leipzig: Reclam, S. 160–170.

Stegbauer, Christian (2010): Weak and Strong Ties. Freundschaft aus netzwerktheoretischer Perspektive. In: Ders. (Hrsg.): Netzwerkanalyse und Netzwerktheorie. Ein neues Paradigma in den Sozialwissenschaften. Wiesbaden: VS Verlag, S. 105–119.

Taddicken, Monika (2011): Selbstoffenbarung im Social Web. Ergebnisse einer Internet-repräsentativen Analyse des Nutzerverhaltens in Deutschland. In: Publizistik, Nr. 56(3), S. 281–303.

Thiedeke, Udo (2001): Fakten, Fakten, Fakten. Was ist und wozu brauchen wir Virtualität? In: DIE-Zeitschrift, Nr. 3/2001, S. 21–24.

Tong, Stephanie T./Van der Heide, Brandon/Langwell, Lindsey/Walther, Joseph B. (2008): Too Much of a Good Thing? The Relationship Between Number of Friends and Interpersonal Impressions on Facebook. In: Journal of Computer-Mediated Communication, Nr. 13(13), S. 531–549. Online: http://onlinelibrary.wiley.com/ doi/10.1111/j.1083-6101.2008.00409.x/pdf (Abfrage: 12.02.2013).

Trost, Kai Erik (2013): Soziale Netzwerke und die Mediatisierung der Freundschaft: Eine qualitative Studie zur Bedeutung von Facebook für das Freundschaftskonzept Jugendlicher. Baden-Baden: Nomos.

Turkle, Sherry (2011): Alone Together: Why We Expect More from Technology and Less from Each Other. New York: Basic Books.

Uhlendorff, Uwe/Spanu, Stephanie/Spenner, Christopher (2008): Persönliche Beziehungen im Jugendalter. In: Lenz, Karl/Nestmann, Frank (Hrsg.): Handbuch Persönliche Beziehungen. Weinheim: Juventa, S. 513–526.

Utz, Sonja (2010): Show Me Your Friends and I Will Tell You What Type of Person You Are: How One's Profile, Number of Friends, and Type of Friends Influence Impression Formation on Social Network Sites. In: Journal of Computer-Mediated Communication, Nr. 15(2), S. 314–335.

Van Dijk, Jan (1999): The Network Society. Social Aspects of New Media. London: Sage.

Wang, Helen Hua/Wellman, Barry (2010): Social Connectivity in America: Changes in Adult Friendship Network Size from 2002 to 2007. In: American Behavioral Scientist, Nr. 53(8), S. 1148–1169. Online: http://homes.chass.utoronto.ca/~wellman/publications/social-connectivity/social-connectivity.pdf (Abfrage: 06.10.2012).

Walther, Joseph B./Van der Heide, Brandon/Hamel, Lauren M./Shulman, Hillary C. (2009): Self-Generated Versus Other-Generated Statements and Impressions in Computer-Mediated Communication. A Test of Warranting Theory Using Facebook. In: Communication Research, Nr. 36(2), S. 229–253. Online: http://crx.sag epub.com/content/36/2/229.full.pdf+html (Abfrage: 12.02.2013).

Weissensteiner, Elke/Leiner, Dominik (2011): Facebook in der Wissenschaft. Forschung zu sozialen Onlinenetzwerken. In: M&K, Nr. 59(4), S. 526–544.

Wilson, Christo/Boe, Bryce/Sala, Alessandra/Puttaswamy, Krishna P. N./Zhao, Ben Y. (2009): User Interactions in Social Networks and their Implications. University of California. Computer Science Department. Santa Barbara. Online: http://www.cs.ucsb.edu/~alessandra/papers/interaction-eurosys09.pdf (Abfrage: 29.10.2012).

Winter, Carsten/Karmasin, Matthias (2001): Ökonomisierung aus unternehmensstrategischer Perspektive. Ursachen, Formen und Folgen der globalen Kommerzialisierung medialer Wertschöpfungsprozesse. In: M&K, Nr. 49 (2), S. 206–217.

Wolf, Christof (1996): Gleich und gleich gesellt sich. Individuelle und strukturelle Einflüsse auf die Entstehung von Freundschaften. Hamburg: Dr. Kovač.

KURZBIOGRAFIEN

Prof. Dr. Mathias Binswanger
Mathias Binswanger ist Professor für Volkswirtschaftslehre an der Fachhochschule Nordwestschweiz in Olten und Privatdozent an der Universität St. Gallen. Er war zusätzlich Gastprofessor an der Technischen Universität Freiberg in Deutschland, an der Qingdao Technological University in China und an der Banking University in Saigon (Vietnam). Mathias Binswanger ist Autor von zahlreichen Büchern und Artikeln in Fachzeitschriften und in der Presse. Seine Forschungsschwerpunkte liegen in den Bereichen Makroökonomie, Finanzmarkttheorie, Umweltökonomie sowie in der Erforschung des Zusammenhangs zwischen Glück und Einkommen. Mathias Binswanger ist auch Autor des 2006 erschienenen Buches „Die Tretmühlen des Glücks", welches in der Schweiz zum Bestseller wurde. Im Jahr 2010 erschien das Buch „Sinnlose Wettbewerbe – Warum wir immer mehr Unsinn produzieren" und zu Beginn des Jahres 2015 kam sein neuestes Buch „Geld aus dem Nichts" auf den Markt. Gemäß einem Ökonomen-Ranking der NZZ im Jahr 2014 zählt Mathias Binswanger zu den zehn einflussreichsten Ökonomen der Schweiz.

Dr. Svenja Flaßpöhler
Geboren 1975 in Münster.
1994–2001 Studium der Fächer Philosophie, Germanistik und Sport an der Westfälischen Wilhelms-Universität Münster.
2001 I. Staatsexamen in Philosophie und Germanistik an der Westfälischen Wilhelms-Universität Münster.
2001–2006 Promotion in Philosophie mit einem Stipendium der Studienstiftung des deutschen Volkes über Pornographie und Moderne („Der Wille zur Lust"; Campus 2007).
2007 Arthur-Koestler-Preis für „Mein Wille geschehe. Sterben in Zeiten der Freitodhilfe" (WJS).
2006–2011 Featureautorin und Essayistin u.a. für den Deutschlandfunk, das Deutschlandradio und Psychologie Heute.
Seit 2011 stv. Chefredakteurin des „Philosophie Magazin".
Seit 2013 Literatur- und Sachbuchkritikerin der 3sat-„Buchzeit", Programmleitung des Kölner Philosophie-Festivals „phil.COLOGNE".
Weitere Bücher: „Mein Tod gehört mir. Über selbstbestimmtes Sterben" (Pantheon 2013), „Wir Genussarbeiter. Über Freiheit und Zwang in der Leistungsgesellschaft" (DVA 2011), „Gutes Gift. Über Eifersucht und Liebe" (Artemis & Winkler 2008).

Univ.-Prof. Mag. Dr. Dr. Matthias Karmasin
Geboren 1964 in Wien.
Studium der Publizistik und Kommunikationswissenschaft, Politikwissenschaft, Philosophie und Betriebswirtschaft (alle Graduierungen mit Auszeichnung). Habilitation für Kommunikationswissenschaft an der Universität Wien.
Direktor des Institutes für vergleichende Medien- und Kommunikationsforschung der österreichischen Akademie der Wissenschaften (k.M.I.) und der Alpen Adria Universität (Ordinarius für Kommunikationswissenschaft), Vorsitzender des Beirates des wissenschaftlichen Förderpreises des Verbandes österreichischer Zeitungen (VÖZ). Vorsitzender des Publizistikförderungsbeirats (§ 9 PubFG) der KommAustria, Mitglied des steirischen Forschungsrates, Mitglied des Editorial Boards der Reihe „Transkulturelle Forschungen an den Österreich-Bibliotheken im Ausland“ (BM für europäische und internationale Angelegenheiten) Consortium Member and Ombudsman “MediaACT” (Media Accountability and Transparency in Europe) – 7th Framework Programme EU Commission, Sprecher des Beirates der ÖGK (österreichische Gesellschaft für Kommunikationswissenschaft) und Mitglied des Vorstandes, Mitglied des Editorial Board des Central European Journal of Communication, seit 2014 Mitglied des Publikumsrates des ORF.
Lehrtätigkeiten an der Wirtschaftsuniversität Wien, den Universitäten Wien, Klagenfurt und Graz, der Donauuniversität Krems, der FHW, der University of Vermont (UVM Burlington), der University of Tampa (UT Florida), Faculty Member IMBA WU-Wien/USC (University of South Carolina), Vertretungsprofessur und Ruf (C4) an der TU-Ilmenau, Gastprofessor am IAK (Institut für angewandte Kulturwissenschaft) der Universität Karlsruhe TH.
Forschungsgebiete: Kommunikationstheorie, Organisationskommunikation, interkulturelle Kommunikation, Medien- und Wirtschaftsethik, Medienökonomie, Medienmanagement.

ao. Univ.-Prof. Mag. Dr. Larissa Krainer
Geboren 1967 in Klagenfurt/Celovec.
Studium der Philosophie und Kommunikationswissenschaft an der Universität Klagenfurt. 1986–1998 journalistische Tätigkeit bei verschiedenen Medien in Österreich. 1995–1997 Landesgeschäftsführerin von amnesty international Kärnten.
Vorsitzende des kirchlich-politischen Menschenrechtsbeirates des Landes Kärnten.
Seit 1998 Wissenschaftliche Mitarbeiterin an der Universität Klagenfurt. Mitglied der Fakultät für Interdisziplinäre Forschung und Fortbildung.
2001 Habilitation zum Thema Medien und Ethik.
Von 07/2009 bis 02/2011 Professorin für Kommunikationswissenschaften am Institut für Medien- und Kommunikationswissenschaft (Vertretungsprofessur).
Derzeit: Institutsvorständin am Institut für Interventionsforschung und Kulturelle Nachhaltigkeit (IKN).
Arbeitsschwerpunkte: Medienethik, Prozessethik, Interventionsforschung, Kulturelle Nachhaltigkeit, Nachhaltigkeitskommunikation, Wissenschaftstheorie, Konflikt- und Entscheidungsmanagement.

Prof. Dr. Matthias Rath
Geboren 1959 in Schweinfurt.
Studium der Philosophie, Pädagogik, Psychologie, Soziologie und Germanistik an der Katholischen Universität Eichstätt.
1984–1993 Wissenschaftlicher Mitarbeiter am Lehrstuhl Philosophie der Katholischen Universität Eichstätt. 1987 Promotion in Philosophie und 1992 Habilitation.
1994–1996 Tätigkeit im Management der Bertelsmann AG, zunächst als Leiter des Referats „Grundfragen" am Vorstand und Sprecher des Gesamtkonzerns, zuletzt Leiter der Presse- und Öffentlichkeitsarbeit der internationalen Verlage des Hauses.
Seit 1997 Professor für Philosophie an der Pädagogischen Hochschule Ludwigsburg, dort Leiter der Forschungsstelle Jugend – Medien – Bildung und der Forschungsgruppe Medienethik.
Arbeitsschwerpunkte: Angewandte Ethik, speziell Medienethik, Grenzfragen von Philosophie und Sozialwissenschaften, empirische Medien- und Medienbildungsforschung.

Mattan Shachak
is a PhD candidate in the Department of Sociology and Anthropology, and the Federman Center for the Study of Rationality, in the Hebrew University of Jerusalem. He has a B.A. in philosophy, sociology and anthropology (Cum Laude), and a Master's degree in Sociology (Cum Laude) from Hebrew University. His main research interest is the intersection between knowledge systems, professional practice and consumer culture in the co-production of contemporary individualistic morality and sociability. He studies semi-professional practices of self-realization; the social and cultural history of rationality and emotionality in psychology and economics; and the impact of the „cognitive revolution" on conceptions and practices of selfhood, rationality and emotionality in psychology and economics, and their convergence in contemporary „sciences of happiness". He has authored and co-authored several articles and book chapters.

Kai Erik Trost
Geboren 1983 in Stuttgart.
Studium der Wirtschaftsinformatik und Electronic Services (B.Sc.) sowie der Elektronischen Medien mit Schwerpunkt Medienwirtschaft (M.A.) in Stuttgart.
Akademischer Mitarbeiter an der Hochschule der Medien in Stuttgart.
Promovend im Fach Medien- und Kommunikationswissenschaft an der Universität Passau. Thema der Dissertation: Die Freundschaftskonzepte Jugendlicher im mediatisierten Alltag.
Forschungsschwerpunkte: Sozialpsychologie des Internets, Mediennutzung, Medienwirkung und Mediensozialisation.

Prof. Peter Voß
Geb. 1941 in Hamburg, aufgewachsen in Lübeck, 1958/59 Michigan, USA.
1960 Studium – u. a. Soziologie, Jura, Ethnologie – in Göttingen, Magisterdiplom 1968. 1963/64 AStA-Vorsitz der Universität Göttingen.
1968 Journalist beim Göttinger Tageblatt, verantwortlich für das Lokalressort.
1971 Nachrichtenredakteur beim ZDF, Wiesbaden.
1977 Korrespondent des ZDF in Berlin.
1978 Leitender Redakteur des Bayerischen Rundfunks, stellv. Redaktionsleiter des Fernsehmagazins „Report“, München.
1981 Moderator, Kommentator und Autor beim ZDF, stellv. Leiter der Senderedaktion „heute journal“, Mainz.
1983 Redaktionsleiter „heute journal“, Mainz.
1985 Leiter der ZDF-Hauptredaktion Aktuelles, Mainz. 1990 zusätzlich stellv. Chefredakteur des ZDF, Mainz.
1993 Intendant des Südwestfunks, Baden-Baden.
1996 Professor für Medien, Staatliche Hochschule für Gestaltung (HfG) in Karlsruhe.
1998 Gründungsintendant des Südwestrundfunks (SWR), Stuttgart.
2001–2007 zusätzlich Moderator des „ARD-Presseclubs“.
2007 Ende der Amtszeit beim SWR.
2009 Präsident der Quadriga Hochschule Berlin.
Seit 1996: Moderator der Fernseh-Gesprächssendung „Peter Voß fragt...“ auf 3sat (früher „Bühler Begegnungen“).
Publikationen u.a.: „Südwest 2000“ (1995), „Mündigkeit im Mediensystem“ (1998), „Lauter schwierige Patienten“ (mit Marcel Reich-Ranicki, 2002), „Zwischen den Kratern“ (Gedichte, 2000), „Das Paradies und andere Perspektiven“ (Gedichte, 2013), „Weiße Haie und anderes Gelichter“ (Gedichte, 2014).
Mitgliedschaften: Stauffenberg-Gesellschaft Stuttgart (Gründungsvorsitzender 2007 –2010), Universitätsrat der Universität Heidelberg (seit 2009), Gastro-Liga (Schirmherr seit 2008), Museumsverein des Deutschen Historischen Museums Berlin (Vorsitzender seit 2013).

Prof. Dr. Oliver Zöllner
1987–1993 Studium der Publizistik- und Kommunikationswissenschaft, Kunstgeschichte, Theater-, Film- und Fernsehwissenschaft sowie Geschichte Chinas an den Universitäten Bochum, Wien und Salzburg.
1993 Magisterexamen (M.A.), 1996 Promotion zum Dr. phil.
1996–1997 Mitarbeiter der Medienforschung des Südwestfunks in Baden-Baden.
1997–2004 Leiter der Abteilung Markt- und Medienforschung der Deutschen Welle in Köln/Bonn.
2004–2006 Unternehmensberater für internationale Markt- und Medienforschung.
1996–2006 zahlreiche Lehraufträge für Kommunikations- und Medienwissenschaft.
Seit 2006 Professor an der Hochschule der Medien Stuttgart und Honorarprofessor an der Universität Düsseldorf. 2013 Mitgründer und Ko-Leiter des Instituts für Digitale Ethik (IDE) an der Hochschule der Medien Stuttgart.

Arbeitsschwerpunkte: Medienforschung, sozialwissenschaftliche Methodenlehre, Mediensoziologie, Public Relations, internationale Kommunikation, Hörfunkjournalismus, Digitale Ethik.

Dr. Peter Zudeick
Geb. 1946.
Studium der Philosophie, Germanistik, Pädagogik und Theaterwissenschaften in Köln. Promotion in Philosophie mit einer Arbeit über Ernst Bloch.
Seit 1976 Journalist, zunächst beim „Kölner Stadt-Anzeiger“, 1980 bis 1982 bei SWF3 in Baden-Baden, danach als Bonner Korrespondent des SWF, seit 1984 freier Mitarbeiter mehrerer ARD-Sender.
Veröffentlichungen u.a.: „Alternative Schulen“ (1985); „Der Hintern des Teufels. Ernst Bloch – Leben und Werk“ (1987) und mehrere Aufsätze zur Philosophie Ernst Blochs; „Nietzsche für Eilige“ (2005); „Tschüss, ihr da oben: Vom baldigen Ende des Kapitalismus“ (2009).

MEDIENETHIK

Herausgegeben von Rafael Capurro und Petra Grimm.

Franz Steiner Verlag

ISSN 1610–2851

1. Petra Grimm / Rafael Capurro (Hg.)
Menschenbilder in den Medien – ethische Vorbilder?
2002. 159 S. mit zahlr. Abb., kt.
ISBN 978-3-515-09990-5
2. Rafael Capurro
Ethik im Netz
2003. 278 S., kt.
ISBN 978-3-515-08173-3
3. Petra Grimm / Sandra Horstmeyer
Kinderfernsehen und Wertekompetenz
2003. 257 S. mit 26 Abb. und 33 Tab., kt.
ISBN 978-3-515-08365-2
4. Petra Grimm / Rafael Capurro (Hg.)
Krieg und Medien
Verantwortung zwischen apokalyptischen Bildern und paradiesischen Quoten?
2004. 184 S., kt.
ISBN 978-3-515-08436-9
5. Petra Grimm / Rafael Capurro (Hg.)
Tugenden der Medienkultur
Zu Sinn und Sinnverlust tugendhaften Handelns in der medialen Kommunikation
2005. 182 S. mit 8 Abb., kt.
ISBN 978-3-515-08799-5
6. Petra Grimm / Rafael Capurro (Hg.)
Wirtschaftsethik in der Informationsgesellschaft
Eine Frage des Vertrauens?
2007. 144 S. mit 33 Abb., kt.
ISBN 978-3-515-09005-6
7. Petra Grimm / Rafael Capurro (Hg.)
Informations- und Kommunikationsutopien
2008. 161 S. mit 4 Abb., kt.
ISBN 978-3-515-09266-1
8. Petra Grimm / Rafael Capurro (Hg.)
Computerspiele
Neue Herausforderungen für die Ethik?
2010. 154 S. mit 6 Abb., kt.
ISBN 978-3-515-09570-9
9. Petra Grimm / Oliver Zöllner (Hg.)
Medien – Rituale – Jugend
Perspektiven auf Medienkommunikation im Alltag junger Menschen
2011. 199 S. mit 28 Abb., kt.
ISBN 978-3-515-09884-7
10. Petra Grimm / Heinrich Badura (Hg.)
Medien – Ethik – Gewalt
Neue Perspektiven
2011. 278 S. mit 17 Abb., kt.
ISBN 978-3-515-09906-6
11. Petra Grimm / Oliver Zöllner (Hg.)
Schöne neue Kommunikationswelt oder Ende der Privatheit?
Die Veröffentlichung des Privaten in Social Media und populären Medienformaten
2012. 360 S. mit 33 Abb., kt.
ISBN 978-3-515-10296-4
12. Petra Grimm / Oliver Zöllner (Hg.)
Gender im medienethischen Diskurs
2014. 207 S. mit 16 Abb., kt.
ISBN 978-3-515-10718-1
13. Petra Grimm / Michael Müller (Hg.)
SocialMania
Medien, Politik und die Privatisierung der Öffentlichkeiten
2014. 90 S. mit 2 Abb.,kt
ISBN 978-3-515-10950-5